Patricia Noll & Hartmut Horn

Schlaf gut, mein Kind

Sanfte und sichere Wege zu ruhigen Nächten

Mit Geschichten und Gedichten von
Bernd Kohlhepp

Inhalt

bleibt, sind dann häufig nur unser schlechtes Gewissen und die Frage: „Was haben wir bloß falsch gemacht?"

Dabei lassen sich Eltern einiges an „Einschlafhilfen" einfallen; schließlich wollen sie ja nur das Beste für ihr Kind: Nach vielen, mit sanfter Stimme vorgetragenen Gute-Nacht-Geschichten reiht sich ein Schlaflied an das andere. Das Kind wird nächtelang unermüdlich durch die Wohnung getragen und selbst nach dem sechsten Breifläschchen noch mit Engelsgeduld in den Schlaf gewiegt ... Mit sämtlichen Ratschlägen aus Eltern-Zeitschriften und Büchern im Hinterkopf opfern wir uns gerne für unsere Kinder auf, werden zu Fulltime-Animateuren in einer Endlos-Show – solange es irgendwie geht.

Die ersten Monate reicht die Kraft meist noch aus – aber dann? Spätestens nach einem halben Jahr balancieren die meisten Eltern am äußersten Rand ihrer brüchig gewordenen Belastungsgrenze. Gute Ratschläge von Verwandten, Freunden und

„Mama, ich kann nicht schlafen", schallt es nachts gellend aus dem Kinderzimmer. Wir Eltern eilen dann oftmals ratlos an das Kinderbett und fühlen uns in unserer Not ziemlich alleingelassen. Unsere Kinder kommen einfach nicht zur Ruhe: Sie sind vollkommen übermüdet, quengeln und weinen, und es bedarf größter Anstrengungen, bis sie endlich in einen unruhigen Schlaf fallen – um kurze Zeit später schon wieder aufzuwachen. Was

Bekannten wie „Dann laß es doch einfach mal schreien" oder „Türe zu, Licht aus, dann klappt das schon mit dem Schlaf" machen die Situation für übermüdete Eltern selten besser. Mit den Kraftreserven am Ende bleibt dann meist nur die Hilfe von Fachleuten.

Aber selbst Kinderärzte, die immer häufiger mit diesen Problemen konfrontiert werden, stehen solchen Schlafstörungen oft genauso ratlos gegenüber wie die hilfesuchenden Eltern. Ein Grund: Die individuelle Ursachenforschung kostet Zeit. Nicht gerade das, wofür überfüllte Kinderarztpraxen im Tagesgeschäft heutzutage Platz bieten.

Vertrauen in unsere Kinder

Dabei könnte alles so einfach sein: **Jedes Kind kann schlafen, von Geburt an – vorausgesetzt, wir trainieren ihm diese Fähigkeit nicht ab. Und jedes Kind will sich so verhalten, wie es seine Eltern ihm vormachen: also auch nachts schlafen! Keine Sorge, Krankheiten sind nur extrem selten die Ursache für Durchschlafprobleme.** Statt dessen sind Schlafprobleme im Kleinkindalter größtenteils „erlernt". Indem Eltern ihr Kind von Anfang an täglich in den Schlaf gewiegt haben oder es während des Fläschchens oder an der Brust einschlafen ließen, haben sie ihm unwillkürlich beigebracht: Zuwendung oder Nahrung bedeutet Schlafen. Größere Kinder plagen die gleichen Ursachen wie Erwachsene: in erster Linie „klassischer" Streß, der meist aus Ängsten, Hektik und Erwartungsdruck resultiert, dazu vielleicht noch Bewegungsmangel oder eine falsche Ernährung. Wer das weiß, hält schon fast den goldenen Schlüssel für ruhige Nächte in Händen.

Wir neigen heute dazu, immer mehr an den Symptomen „herumzudoktern": Schnell, manchmal zu schnell, schicken wir unsere Kinder bei Schlafstörungen geradewegs ins Autogene Training, zum Ergotherapeuten oder gleich zum Kinderpsychologen. Wieviel einfacher wäre es, wenn wir statt dessen auf die eigenen Fähigkeiten vertrauen würden, die Kinder auf diese Welt mitbringen. Denn selbst Neugeborene können schon allerhand: Sie können fühlen, trinken und verdauen, schmecken, riechen, bedingt sehen ... Und: Sie können schlafen. Selbst wenn wir unserem Kind tatsächlich falsche Schlafgewohnheiten beigebracht haben, brauchen wir uns deshalb noch lange kein schlechtes Gewissen zu machen. Wir meinen es in erster Linie einfach nur zu gut mit unserem Kind. Weniger ist manchmal mehr: Nirgendwo ist dieser Satz so treffend wie im Leben mit Kindern. Und seien Sie sich dessen versichert: Auch bei erlernten Schlafstörungen ist es für den Weg zurück nie zu spät. Denn zu jedem Zeitpunkt kann Ihr Kind wieder lernen, alleine einzuschlafen.

Der individuelle Weg zum gesunden Schlaf

Was hat das bitte mit einem Schlafbuch zu tun, werden Sie jetzt fragen. Fast alles. Wir zeigen Ihnen in diesem Buch sanfte und ganz praktische Wege in ruhige, friedliche Nächte. Wir helfen Ihnen, die Ursachen, die Ihr Kind beim Einschlafen oder am Schlafen hindern, zu erkennen, und so mögliche Wege zurück zum Guten Schlaf zu finden. **Denn wenn die wirklichen Ursachen erst einmal erkannt wurden, lösen sich die Probleme meist wie von alleine, und nur ein kleiner Teil davon sind die Symptome der Schlafstörungen.**

Sinn dieses Buches sind nicht die konkreten Anleitungen nach dem Motto: „Tun Sie dies und das." Patentrezepte, minutiöse Schlaf- und Schreipläne funktionieren zwar, aber die Individualität jedes einzelnen Kindes wird dabei außer acht gelassen. Jeder Mensch – ob Kind, Mutter oder Vater – ist anders. Und jeder muß seinen individuellen Weg finden, ohne dabei die Persönlichkeit des anderen zu unterdrücken. Entscheidend bei den zunehmenden Schlafproblemen ist eben nicht die „Gebrauchsanweisung fürs Kind", sondern unser eigenes Verhalten und unsere grundlegende Haltung gegenüber unseren Kindern. Wir geben Ihnen deshalb Anregungen und Verhaltensbeispiele, die Sie auf Ihre persönliche Situation übertragen können. Ausschlaggebend ist, daß Sie aus voller Überzeugung und mit ganzem Herzen hinter den jeweiligen Anregungen stehen und die Spiele und Übungen dem Wesen Ihres Kindes entsprechen.

Daß Kinder ganz eigene Persönlichkeiten sind, die ganz einfach dazugehören, ob bei Tag oder Nacht, das ist eine der größten „erzieherischen" Herausforderungen unserer modernen Zeit. Wir haben es durch unsere eigene Lebensform in der Kleinfamilie oftmals verlernt, mit Kindern selbstverständlich umzugehen. Vor der Geburt des ersten Nachkömmlings haben die meisten Mütter und Väter häufig keinerlei Erfahrung im Umgang mit Kindern. Anfangs noch unsicher, stürzen die Fragen nur so auf sie ein: Wieviel Schlaf braucht mein Kind? Warum wacht es nachts so oft auf? Schläft es am besten allein in der Wiege oder im gemeinsamen Ehebett? Welche Rolle spielt die Umgebung? Was sollen wir gegen den Nachtschreck, Bettnässen, Schlafwandeln und Alpträume tun ...?

Zeitschriften und Ratgeber bieten Eltern zwar umfangreiches theoretisches Wissen, praktisch aber müssen wir die Hürden, die sich uns im Leben mit Kindern stellen, selber bewältigen. So ist es in der Theorie wichtig zu wissen, daß Alpträume in der „magischen Phase" ganz normal sind. In der Praxis müssen wir allerdings auch wissen, daß zuviel Theorie zum Ballast werden kann, wenn wir in alle Verhaltensweisen unseres Kindes etwas hinein interpretieren und bei jedem Schreien eine Neurose befürchten.

Wir hören nicht mehr auf unser eigenes Gefühl, das im Normalfall wirklich das Beste für unsere Kinder parat hält. Wir werden unsicher. Oft fehlt uns auch die innere Ruhe, um nach den wirklichen Ursachen zu forschen. Um echten Beistand zu leisten, dafür reicht die Kraft dann nicht mehr aus – der beste Nährboden für Schlafstörungen aller Art!

Lebensqualität für die gesamte Familie

Und deshalb ist dieses Buch nicht nur ein Schlafbuch, denn: Die Gute Nacht kommt nach dem Guten Tag! Es geht um Lebensqualität für alle in der Familie, ob am Tag oder in der Nacht. Es geht um die Sicherheit der Eltern im Umgang mit ihren Kindern.

Dieses Buch hilft, Ursachen von Schlafproblemen zu erkennen und mögliche Wege zurück zum Guten Schlaf zu finden. Es gibt Eltern den Mut, wieder auf das eigene Gefühl und die eigenen Problemlösungen zu vertrauen. Es zeigt Wege auf vom Animateur zum „echten" Beistand. Verhaltensbeispiele und Hilfe-stellungen, um die Nacht wieder zum ersehnten Ruhepol werden zu lassen, gehören ebenso dazu wie zahlreiche Einschlafrituale, die den Kampf ums Schlafengehen in einen harmonischen Abend verwandeln.

Dabei sollen alle Tips und Ratschläge lediglich als Anregungen verstanden werden. Ihrer eigenen Phantasie und Ihren Gefühlen, was wirklich richtig ist, sind dabei keine Grenzen gesetzt.

Schlaf gut, mein Kind ... und deine Eltern auch. Ein Traum, der zwar nicht in wenigen Tagen, aber dafür sicher und gelassen für die ganze Familie Wirklichkeit werden kann.

Guten Abend, gute Nacht – Vom Schlafen und Durchschlafen

Wenn uns die Kinder auf dem Kopf herumtanzen, quengeln, schreien und partout nicht schlafen wollen, wünschen wir uns manchmal eine genaue „Gebrauchsanweisung" für unsere Quälgeister. Dann, so glauben wir, wäre alles um vieles einfacher: Wir müßten uns nicht lange den Kopf über Ursachen zerbrechen und kreative Lösungen ausdenken. Alles funktioniere plötzlich sauber und schnell. Sicherlich wäre es eine verlockende Idee, den Knopf zu finden, mit dem wir Eltern unsere übermüdeten und jammernden Kinder manchmal einfach „abstellen" könnten. Kurz und schmerzlos hätten wir dem allabendlichen Drama so ein Ende bereitet, eine längerfristige Lösung aber wäre eine solche Vorrichtung nicht. Das

Patentrezept für alle „schlaflosen" Kinder der Erde gibt es nicht, kann und darf es auch nicht geben. Schließlich gleicht kein Kind dem anderen, und Schlafstörungen haben bei jedem einzelnen von ihnen die unterschiedlichsten Ursachen. Ohne diesen Ursachen auf den Grund zu gehen, werden aus Kindern mit Schlafstörungen schnell Erwachsene mit Schlafstörungen. Um das Übel an der Wurzel zu packen, sollten wir deshalb zu Anfang den Schlaf selbst unter die Lupe nehmen. Wenn wir wieder zusammen mit unseren Kindern schlafen lernen und sie in der Nacht verstehen wollen, sollten wir das wenig Erforschte und viel Vermutete über den Schlaf wissen und uns auch ein paar Gedanken zu unserem gesamten Lebensrhythmus nicht ersparen.

Das Mysterium der Nacht

Fast ein Drittel des Lebens verschlafen wir und machen uns darüber in der Regel herzlich wenig Gedanken – solange wir schlafen können. Erst bei Schlafentzug oder anhaltenden Schlafstörungen wird die Selbstverständlichkeit des Schlafens zum Thema. Schlafstörungen aber zählen inzwischen zu den deutschen Volkskrankheiten. 88 verschiedene Formen von Schlafstörungen diagnostiziert die moderne Schlafforschung.

Schlaf – Was ist das eigentlich?

> *„Die Nacht, das ist nicht nur die Zeit des Schlafens. Es ist auch die Zeit der Geheimnisse. Die Zeit, in der aus Wolken große, graue Vögel werden, die schattenlos über eine Welt dahinfliegen, die von den allwissenden Sternen belächelt wird. Für die Augen der Kinder werden in so einer Nacht die Sterne, die Wolken, die im Wind sich bewegenden Wipfel der Bäume zu Geistern und Kobolden. Und manchmal schlüpfen sie durch ein offenes Fenster und mischen sich in die Träume der Kinder ein ..."*
>
> *Gerdt von Bassewitz*

Was aber ist Schlaf? In seinem Märchen „Peterchens Mondfahrt" sagt Gerdt von Bassewitz weit mehr über das Geheimnis der Nacht als alle Schlafforscher dieser Welt. Bis heute existiert für den Schlaf keine verbindliche Definition. „Der Schlaf ist ein Zustand geänderter Bewußtseinslage" – nicht mehr und nicht weniger Erklärungen gibt die Deutsche Gesellschaft für Schlafforschung und Schlafmedizin (DGSM). Somit stehen nicht nur ratlose Eltern nachts oft müde vor den Betten weinender Kinder, sondern auch die Wissenschaft immer noch vor einem Rätsel, vielleicht das letzte große Geheimnis der Menschheit. Denn was genau geschieht, während wir schlafen, weiß bislang noch niemand – außer den Kindern vielleicht, auf ihren Reisen zum Mond.

Traumschlaf und Tiefschlaf

Während man in Indien lange vor der modernen Schlafforschung zwischen Traum- und Tiefschlaf unterschied, glaubte die westliche Medizin noch lange, es handle sich beim Schlaf lediglich um eine reduzierte Aktivität des gesamten Organismus. Erst 1953 wurden von den Forschern Eugene Aserinsky und Nathaniel Kleitman unterschiedliche Schlafphasen entschlüsselt, die bis heute hauptsächlich in REM-Schlaf (Rapid Eye Movement, aufgrund der auffällig schnellen und starken Augenbewegung in dieser Schlafphase) und NonREM-Schlaf gesplittet werden. REM-Phasen sind die deutlichen Traumphasen. Weckt man Schläfer bewußt während einer solchen Zeit, können sie stets von ihren Traumbildern berichten. In einem regelmäßigen Rhythmus wechseln sich Traum- und Tiefschlaf während der Nacht ab.

Auf Sparflamme ist unser Körper während des Schlafs nur zum Teil eingestellt. Zwar sinken Blutdruck und Körpertemperatur während des Einschlafens, und auch die Konzentration des Hormons Cortisol – oft „Streßhormon" genannt – sinkt. Dafür geben andere Organe wie beispielsweise die Hypophyse in der Nacht Gas. Und welche Vorgänge spielen sich dann in unserem Körper, in unserem Gehirn und unserer Seele ab? **Daß Kinder über zwei Drittel ihres jungen Lebens verschlafen, läßt vielleicht folgenden Schluß zu: Sie entwickeln sich und lernen im Schlaf. Wenn wir immer darauf vertrauen würden, daß alles ganz von alleine geschieht, hätten wir mit Schlafstörungen schon fast keine Probleme mehr.**

Warum wachen Kinder so oft auf?

Kinder schlafen anders

Die Frage, warum Kinder so oft aufwachen, läßt sich ganz einfach beantworten: Kinder schlafen anders.

Während wir Erwachsene nur rund 20 Prozent unserer Schlafenszeit „verträumen", beträgt der REM-Schlaf-Anteil bei Neugeborenen noch 50 Prozent. Ein 27 Wochen alter Fötus im Mutterleib weist noch einen hundertprozentigen REM-Schlaf auf, erst ab der 36. Schwangerschaftswoche sinkt der REM-Schlaf-Anteil langsam.

Auch die Schlafzyklen wechseln bei einem Säugling deutlich häufiger. Alle 45 Minuten beginnt ein neuer Schlafzyklus, während er bei Erwachsenen rund 90 Minuten dauert. Das ist der Grund, warum alle Babys fast stündlich aufwachen und im Extremfall weinen – weil sie nicht mehr alleine einschlafen können. Selbst Erwachsene wachen während des Übergangs vom Traumschlaf (REM-Schlaf) in den Tiefschlaf oft auf, nur merken sie es nicht mehr und schlafen sofort weiter. Kinder können das auch von Anfang an – wenn sie es nicht verlernen.

Selbst beim Einschlafen „takten" Kinder anders als Erwachsene. Während wir für gewöhnlich sofort in einen tiefschlafähnlichen Zustand verfallen, gleiten Neugeborene zuerst in einen REM-Schlaf, aus dem sie relativ leicht wieder erwachen. Damit läßt sich ein weiteres Phänomen erklären, das manche Eltern zeitweise an den Rand der Verzweiflung treibt: Endlich schläft das Kind nach mühevollem Umhertragen ein. Doch kaum legt man es ab, ist es wieder wach.

Säuglinge sind im REM-Schlaf überhaupt viel unruhiger als Erwachsene. Während bei uns fast alle Muskeln erschlaffen (daher auch das Wort Schlaf), ist der Säugling fast ständig in Bewegung und rudert mit Armen und Beinen. Vor allem bei Frühgeborenen ist die Aktivität zum Teil so stark, daß sich der Traumschlaf kaum vom Wachzustand unterscheiden läßt. Erst nach zwei bis drei Monaten startet ein Baby jedes Nickerchen sofort mit einer Tiefschlaf-Phase – und tankt dabei jede Menge Energie. Das kann jeder bestätigen, dessen Kinder schon einmal abends, kurz vor Schlafenszeit, im Auto eingeschlafen sind. Rund 20 Minuten sind sie dann durch nichts mehr wachzukriegen. Anschließend ist an einen „pünktlichen" Nachtschlaf erst einmal nicht mehr zu denken.

Ein Baby schläft nie durch

Wenn Ihnen Ihre Freundin ganz glücklich vorschwärmt, ihr Baby schliefe seit der fünften Lebenswoche problemlos durch, dann kann dies nicht ganz stimmen. Dieses Kind schläft lediglich von selbst wieder ein und ist aus der übermüdeten Sichtweise der Eltern eines „Stundenschläfers" sicher zu beneiden. Aber wenigstens ein altkluges „Das stimmt aber nicht!" hilft manchmal mehr, als wenn man immer nur sagen kann: „Ja, also meins, ähem, schläft so gut wie gar nicht" – was ja meist auch nie stimmt. Es kommt einem

ablaufen – wenn Säuglinge sprechen könnten. **Nur wenn das Baby in derselben Situation wie beim Einschlafen aufwacht, kann es auch wieder beruhigt weiterschlafen.** Das heißt: Schläft es immer an der Brust der Mutter ein, braucht es diese auch zum erneuten Einschlafen – selbst wenn es gar keinen Hunger hat. Es hat gelernt: Brust ist gleich Schlafen, Nahrung ist gleich Schlafen, Zuwendung ist gleich Schlafen. Auch wer seine Kinder, wohlgemerkt in bester Absicht, in den Schlaf tanzt, bringt ihnen unweigerlich bei: Tanzen heißt Schlafen. Wir tun unseren Kindern damit nichts Schlechtes, aber allen Beteiligten keinen Gefallen. Denn mit einem drei Kilo schweren Baby funktioniert das noch ganz gut. Nur müssen wir uns dann nicht wundern, wenn unsere Kinder auch noch auf dieses Gewichtheber-Ritual samt Rhythmus-Unterstützung pochen, wenn sie bereits zehn Kilo auf dem zarten Buckel haben. Gelernt ist gelernt – und wir haben es ihnen in gutem Glauben beigebracht. Wer dann leidet? Im besten Fall nur der Rücken, im üblichen Fall aber auch der Haussegen. Denn Rückenschmerzen machen schlechte Laune. Mehr Beispiele zu erlernten Schlafproblemen und sanften Auswegen aus den zum Teil äußerst phantasievollen Einschlaf-Hilfen finden Sie im zweiten Kapitel.

selbst nur so vor – aber dazu später mehr. Es ist also erklärbar und ganz normal, daß Kinder bis zum Alter von etwa zwei bis drei Jahren jedesmal nach einer Traumschlaf-Phase kurz aufwachen. Genau dieses Phänomen dient lediglich einem natürlichen Schutzmechanismus. Für diese hilflosen, weil noch ziemlich bewegungsunfähigen, kleinen Menschen startet dann ein überlebenswichtiger Sicherheitscheck: „Ist alles in Ordnung? Warm? Kalt? Kratzt da nicht was an meinem Hals? Ja, das komische Muster dort an der Wand ist noch da. Auch diese seltsamen Dinger über mir, Mobile hat mal einer dazu gesagt, bewegen sich im Wind. Hunger? Oh ja, so langsam wogt der nächste Hungersturm heran, aber erst sind es noch sanfte Wellen. Mama? Mama! Die war doch gerade eben, als ich eingeschlafen bin, noch da. Mama? Mama??? MAAAAAMMMAAAAA!!!" So oder zumindest so ähnlich könnte diese Umgebungs- und Befindlichkeitsanalyse

Wieviel Schlaf braucht mein Kind?

Eltern von sogenannten „schlechten Schläfern" sind nicht nur durch die Situation angespannt und übermüdet. Sie machen sich zudem noch Sorgen, ob ihr Nachwuchs denn selbst genügend Schlaf bekommt. In der Regel völlig unbegründet, denn Kinder holen sich ihren nötigen Schlaf. Für die Eltern lautet die entscheidende Frage allerdings oft: Wann?

Ein Neugeborenes „verschläft" gut zwei Drittel seines jungen Lebens, etwa 15 bis 20 Stunden am Tag. Alle zwei bis sechs Stunden braucht es Nahrung. Dabei bestimmt es seinen Rhythmus weitgehend selbst. Im Alter von zwei bis drei Monaten hat sich ein Baby schon ganz gut in unserer Welt eingelebt und gelernt, wann man was für gewöhnlich macht – immer vorausgesetzt, wir halten es nicht unbewußt davon ab und geben ihm durch eine gewisse Kontinuität die Chance, es uns einfach nachzutun. Das Kind kann und will sich bereits ab dem Zeitpunkt seiner Geburt aus seinem eigenen, ureigensten Antrieb anpassen. Irgendwann verschläft es sein Schlafpensum von selbst hauptsächlich nachts, wie seine Eltern auch.

Der natürliche Rhythmus

Mütter erkennen sehr bald den Schlafrhythmus ihres Kindes. Schon nach den ersten Wochen haben die meisten Kinder ihren ganz eigenen Takt gefunden, der sich normalerweise nach und nach von selbst dem Schlafverhalten der Eltern anpaßt. Ungefähr zum Ende des ersten Lebensjahrs hat sich meist ein Schlafrhythmus einge-

spielt: ein kurzer Vormittagsschlaf, ein längerer Nachmittagsschlaf und ein, im optimalen Fall, kaum merklich unterbrochener Nachtschlaf.

Die Gesamtschlafdauer verkürzt sich mit zunehmendem Alter. Zuerst lassen Kinder meist den Vormittagsschlaf wegfallen, dann auch den Mittagsschlaf. Dabei sind die Bedürfnisse jedes einzelnen Kindes so unterschiedlich wie die Kinder selbst. Machen Sie sich keine Sorgen, wenn Ihr Kind schon mit zwei Jahren keinen Mittagsschlaf mehr machen möchte und dabei frisch und munter ist, genauso, wenn Sie andererseits einen ausgeprägten Dauerschläfer beherbergen, der noch in der zweiten Klasse auf seiner Siesta beharrt. Der Tagschlaf ist zwar auch eine Zeit der kleinen Rituale – aber nicht der starren Regeln. Mit etwas Einfühlungsvermögen gewinnen alle Eltern die nötige Sicherheit und können sehr gut einschätzen, ob ihr Kind müde ist oder nicht und seinen Mittagsschlaf tatsächlich noch braucht.

Schlafphasen bei Kindern

Unsere innere Uhr tickt von Geburt an in einem bestimmten Rhythmus. So schlafen Neugeborene in mehreren Phasen, durchschnittlich im Vier-Stunden-Takt. Ein einjähriges Kind hat im Schnitt noch drei Schlafphasen. Bis zum Grundschulalter haben Kinder dann meist nur noch eine Schlafphase: Sie schlafen, wie Erwachsene, nur noch nachts.

Was heißt eigentlich „normal"?

Wahrscheinlich erwarten Sie an dieser Stelle eine Tabelle, wieviel ein Kind in welchem Alter durchschnittlich schlafen sollte ... Nur: Was ist der Durchschnitt, und sollten wir unsere Kinder immer an ihm messen?

Bei einer Untersuchung der Universitätsklinik Zürich an Kindern im Vorschulalter variierte die Schlafdauer zwischen fünf und 15 Stunden! Es ist viel verlangt, auch hier ganz nach seinem eigenen Gefühl zu gehen. Vertrauen Sie Ihrem Kind einfach,

daß es genug schläft, vor allem solange es sonst ausgeglichen ist. Übermüdeten Kindern sieht man ihren Schlafmangel in der Regel an. Daß an dieser Stelle dennoch eine Tabelle steht, liegt daran, daß manche den Schlafbedarf von älteren Kindern zu hoch einschätzen. Ein zehnjähriges Kind, das täglich protestiert, wenn es abends um sieben ins Bett soll, ist vielleicht einfach noch nicht müde. Echte Schlafstörungen in diesem Alter machen sich meist nicht durch lautstarken Protest bemerkbar.

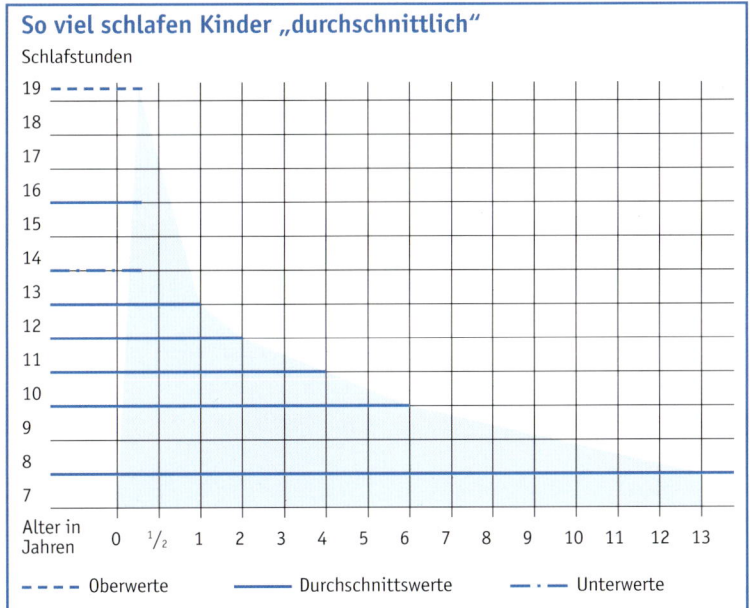

So viel schlafen Kinder „durchschnittlich"

Schlafstunden

Alter in Jahren

- - - - Oberwerte ——— Durchschnittswerte —·— Unterwerte

Sorgen Sie sich nicht gleich, wenn Ihr Kind von dieser Schlaftabelle abweicht. Das Schlafbedürfnis ist schon bei Kindern sehr individuell ausgeprägt. Selbst wenn Sie das Gefühl haben, Ihr Kind schlafe gar nicht, ist dies oft nur ein subjektiver Eindruck, der durch eigene Schlafdefizite entsteht oder dadurch, daß man das Weinen des Kindes als sehr belastend empfindet.

Gute Schläfer, schlechte Schläfer – Jedes Kind ist anders

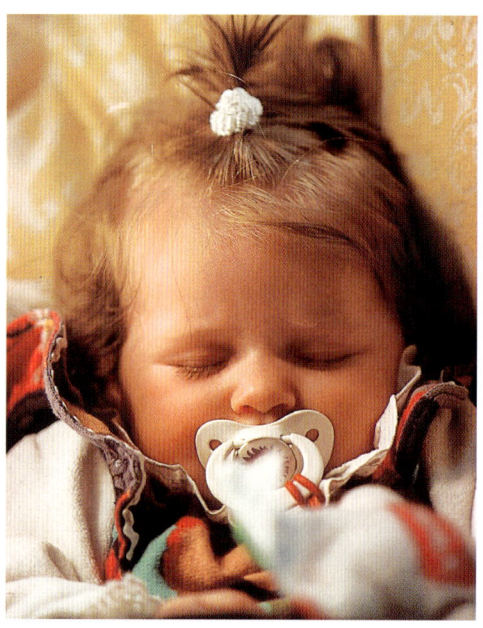

Eine Sache der Veranlagung

Es gibt sie tatsächlich: die Kinder, die nichts erschüttert, die schon nach sechs Wochen durchschlafen, egal wie unruhig ihre Umwelt auch ist. Genauso gibt es die „Schreikinder", die ihre Eltern – auch nach den vielzitierten, aber noch weitgehend unerklärbaren „Dreimonatskoliken" – bis an den Rand der Belastungsgrenze treiben.

„Gute" oder „schlechte" Kinder sind sie deshalb noch lange nicht. Auch wenn viele Schlafprobleme anerzogen sind, sind Kinder bereits eigene Persönlichkeiten, wenn sie auf diese Welt kommen. Hat man also einen guten Schläfer „erwischt", dann kann man sich zu Recht darüber freuen. Nur ist das in den seltensten Fällen der ei-

gene Verdienst. Ein Kind ist nie ein eigenes Produkt, das man aktiv geschaffen hat. Im Gegenzug heißt das natürlich, ein zappeliges, unruhiges Kind ist auch nicht unwillkürlich die Schuld der Eltern. Charakterzüge lassen sich vielleicht noch verstärken oder mildern, ändern aber lassen sie sich nie. Wir müssen unsere Kinder schon so nehmen, wie sie sind.

Ist unser Schlafbedürfnis angelegt?

Eine finnische Forschungsgruppe ist der Frage nachgegangen, ob Erbfaktoren für die Schlafdauer verantwortlich sein könnten. Die Untersuchung erfaßte über 2000 eineiige Zwillinge, bei denen das Erbmaterial identisch ist, und mehr als 4000 zweieiige Zwillinge mit unterschiedlichem Erbmaterial. Es zeigte sich in statistisch signifikanter Weise, daß Erbfaktoren sowohl die Schlafdauer als auch die Schlafqualität mitbestimmen. Auch wenn sie nicht zusammenlebten, zeigten eineiige Zwillinge ähnliche Werte.

Störende Einflüsse – schon vor der Geburt

Vor störenden äußeren Einflüssen sind Kinder schon im Mutterleib nicht sicher. Die pränatale Diagnostik mag für viele ein Segen sein. Zahlreiche Erkrankungen können bereits während der Schwangerschaft erkannt und entweder schon vor oder gleich nach der Geburt behandelt werden. Dies bedeutet für das Kind aber immer Gefahr – für Leib und Seele. Egal ob bei der Zottenbiopsie (Gewebeprobe des Mutterkuchens) oder der Fruchtwasseraspiration (Fruchtwasserentnahme durch die Bauchdecke der Mutter, direkt aus der Fruchtblase): Der Fötus erlebt diesen gewaltsamen Eingriff von außen mit hoher Wahrscheinlichkeit auch in seinem Bewußtsein. Medizinisch nachgewiesen ist, daß Föten der Nadel bei der Fruchtwasserpunktion ausweichen und sozusagen „erschrecken". Die Herztöne werden deutlich schneller. Schon jetzt wird sein geborgenes Reich massiv gestört. Ob dies bereits etwas in seinem Urvertrauen zerstören kann, kann wissenschaftlich sicher niemals exakt bewiesen werden, ist aber genau so sicher die Frage wert.

Frühe Auslöser für spätere Schlafstörungen

Die Vermutung liegt nahe, daß tatsächlich auch Schlafstörungen und übernervöses Verhalten auf diese vorgeburtlichen „Schreckerlebnisse" zurückzuführen sind. Auch generell belastete, unruhige Schwangerschaftsverläufe können Auswirkungen auf das spätere „Sicherheitsgefühl" der Kinder haben. Nun bringt es selbstverständlich wenig, eine Schwangerschaft unter buchstäblich schwierigen Umständen nachträglich zu bejammern, aber es hilft vielleicht, eine Ursache für manch unruhige Nacht zu kennen.
Eine schwierige Geburt – wobei entscheidend ist, wie die Frau sie ganz persönlich empfand, und nicht, was auf dem Überweisungsschein der Klinik steht – kann

ebenso der Auslöser für ein panisches Aufschrecken und Schreien der Neugeborenen in den ersten Monaten sein. Frühgeborene leiden häufiger unter Schlafstörungen, und auch Kaiserschnittkinder haben manchmal einen schwierigeren Start, weil Mutter und Kind einen kleinen Tick länger brauchen bis zur ersehnten „Innigkeit".
Einiges haben Schwangere und stillende Mütter auch selbst in der Hand, um zumindest nervös machende äußere Einflüsse zu verhindern. Daß Rauchen den Kindern und einem selbst schadet, weiß heute wohl jeder. Zudem wirkt Nikotin schon im Mutterleib aufputschend. Vielleicht ist aber auch die Zufriedenheit der Mutter ausschlaggebend? Dies soll jedoch keinesfalls bedeuten: Wenn die Mutter sich erst nach zwei Schachteln Zigaretten und einer Flasche Rotwein wohl fühlt, ist es völlig in Ordnung. Dasselbe gilt für koffeinhaltige Getränke. Schwarztee und Kaffee stehen dann ebenso auf der Negativ-Liste wie ein Genußmittel, an das man dabei oft nicht denkt: Cola!

Von Lerchen und Eulen

In der Medizin ist man sich einig: Es gibt tatsächlich Frühaufsteher, die schon beim ersten Sonnenstrahl frisch aus dem Bett springen, und die klassischen „Morgenmuffel", die nur mit Mühe und Not die Augen offenhalten können. Zu welchem der beiden man zählt, ist nach Meinung vieler Wissenschaftler genetisch festgelegt – von Kindesbeinen an.

Schlafentzug – Ein Elternproblem

Medizinisch harmlos, im Alltag fatal

Kinder kommen in der Regel immer „irgendwie" zu ihrem Schlaf. Wer hingegen direkt unter den durchwachten Nächten leidet, sind die Eltern. Schlafentzug hinterläßt zwar keine bleibenden Schäden, er hat aber direkte, massive Auswirkungen auf die Betroffenen und kann sogar gefährlich werden.

Der Regensburger Schlafforscher Jürgen Zulley hat laut der Zeitschrift „Geo" bei einer Untersuchung von Unfällen auf bayerischen Autobahnen festgestellt: „Müdigkeit verursacht zwei Drittel aller Karambolagen." Der tückische „Sekundenschlaf" überfällt einen mit Macht, und wir können uns nicht dagegen wehren. Ein Versuch der US-Army aus den siebziger Jahren sollte herausfinden, auf wieviel Schlaf ein Mensch zur Not verzichten könnte. Nachdem die Soldaten

nur noch 60 Prozent ihres üblichen Pensums schliefen, brach ihre Leistung zusammen. Aber keine Sorge: Der „Wachrekord" eines Menschen liegt bei ganzen zwölf Tagen. Zuletzt litt der „Wachende" zwar unter starken Halluzinationen, nach einem Tag Ausschlafen war er aber schon fast wieder der Alte.

An der Grenze der Belastbarkeit

Es ist eine Tatsache und keine Wehleidigkeit: Eltern leiden unter den unruhigen Nächten – allerdings unterschiedlich stark. Einige wenige verkraften es ohne Selbstaufgabe, ihr Kind fünfmal pro Nacht in den Schlaf zu schaukeln. Andere leiden schon massiv darunter, wenn sie regelmäßig einmal pro Nacht aus einer Tiefschlafphase hochschrecken. Kein Wunder: Bereits nach einer durchwachten Nacht taumeln wir nachweislich so durch die Gegend, als hätten wir 0,8 Promille im Blut. Die Folgen kennen viele: von Gereiztheit über Niedergeschlagenheit bis hin zu schweren Depressionen. Der Haussegen hängt schief, oft kommen Paarprobleme hinzu. Was letztlich bleibt, sind Aggressionen gegenüber dem Kind.

Wer kennt nicht das Gefühl seiner eigenen Hilflosigkeit, das Kind am liebsten schütteln zu wollen, damit es endlich aufhört zu weinen? Wir können dieses Weinen einfach nicht mehr ertragen. Wir wollen ihm helfen und haben doch schon alles versucht. Im Schnitt dauert diese Phase ein halbes Jahr lang. Danach können die meisten Eltern nicht mehr und suchen nach einer Lösung.

Wir haben heute nicht mehr das Vertrauen, daß unser Kind von ganz alleine mit dem Schreien und Weinen aufhört, solange wir bei ihm sind. In solchen Situationen sind wir uns vielmehr sicher: Es hört nie wieder auf! Genau das ist der grundlegende Ansatz dieses Buches. Ein Stück dieser unerschütterlichen Elternsicherheit wiederzuerlangen, das so viele Generationen vor uns hatten. Wenn wir heute unser Wissen und das Gefühl dieses Urvertrauens kombinieren könnten, wäre dies ideal für unsere Kinder.

Geteiltes Leid ist halbes Leid

Ausgeglichene Eltern haben zufriedene Babys: Denken Sie deshalb auch einmal an sich selbst und teilen Sie sich Ihre Kräfte ein. Wenn Sie es schaffen, nehmen Sie eine Auszeit, in der Sie wirklich einmal Haushalt Haushalt sein lassen und sich selbst verwöhnen.

Schlafen Sie in den Anfangszeiten im Rhythmus des Kindes. Wissenschaftler haben in Versuchen festgestellt, daß auch Erwachsene automatisch in diesen Schlafrhythmus zurückfallen – wenn man sie nur läßt. Sollte das aufgrund von größeren Geschwisterkindern nicht möglich sein, spannen Sie Omas, Verwandte und Bekannte kräftig ein. Auch wenn diese es

Ihnen nicht immer danken – Ihre Kinder werden es tun.

Die Nachtschicht ist für beide Elternteile Pflicht. Denn, wie heißt es so schön: Geteiltes Leid ist halbes Leid. Will Ihr Partner aber partout nicht aufstehen, um seinen Part zu übernehmen, sind mehr oder weniger zärtliche, aber bestimmte Knuffe in die Nierengegend in diesen Ausnahmezuständen durchaus erlaubt.

Auch Ihre Paarbeziehung sollten Sie in dieser Zeit nicht vergessen, denn ein Leben zu dritt oder viert wird erst dann harmonisch und ruhig, wenn auch das Leben zu zweit noch funktioniert. Ganz schön viel verlangt in diesem Ausnahmezustand? Vielleicht schaffen Sie es ja trotzdem, zusammen ein schönes Abendessen zu organisieren, ein kleines Gläschen Rotwein dazu, ganz romantisch, trotz Stillens. Blumen klingen vielleicht abgeschmackt, aber von Herzen bewirken sie immer noch kleine Wunder.

So teilen Sie sich Ihre Kräfte am besten ein

○ Lassen Sie den Haushalt ruhig einmal etwas „verlottern", es gibt gerade Wichtigeres.

○ Schlafen Sie im Rhythmus des Kindes und legen Sie sich auch am Tag mit hin.

○ Sind Geschwisterkinder da, spannen Sie Omas, Verwandte und Bekannte ein.

○ Statt zu putzen und zu bügeln, machen Sie in der „ruhigen Zeit" lieber etwas für sich: Hören Sie Ihre Lieblingsmusik, baden Sie und cremen Sie sich anschließend mit einem kostbaren Öl ein.

○ Ein bißchen Egoismus darf jetzt sein: zufriedene Mütter – zufriedene Babys.

○ Teilen Sie sich die Nächte in Dienste ein, auch wenn Ihr Mann „arbeitet". Sie arbeiten auch. Und wenn Sie irgendwann nicht mehr stillen, hat jeder immer eine ganze Nacht zum Durchschlafen.

○ Bei aller Freude über den „Neuankömmling": Tun Sie bewußt etwas für sich als Paar. Nur aus einem harmonierenden Duo kann ein gutes Trio werden.

Schlaf, Kindlein, schlaf –
Jedes Kind kann schlafen

Wenn ein Kind zur Welt kommt, verfügt es bereits über zahlreiche Fähigkeiten. Es hat schon im Mutterleib viele Erfahrungen gesammelt und bringt so etwas wie ein „Urwissen" mit. Es kann fühlen, riechen, schmecken, bedingt sehen, es kann trinken, verdauen. Und: Es kann schlafen!

Neugeborene schlafen so gut wie in jeder Situation ein, und von Anfang an haben sie die Gabe, sich im Rahmen ihrer Möglichkeiten alleine zu „beschäftigen", sich selbst zu erleben und auch – alleine einzuschlafen. Alleine bedeutet für einen Säugling aber noch lange nicht ohne seine Mutter oder seinen Vater, sondern ohne zusätzliche Hilfe. Ganz entscheidend braucht er noch Zuwendung, Hautkontakt und Nahrung durch seine Mutter, alleine ist der Säugling nicht überlebensfähig. Kinder ohne jeden Hautkontakt würden schlichtweg sterben.

„Ehrliche" Zuwendung – Ein Zuviel gibt es nicht

Im ersten Lebensjahr kann ein Baby nicht zuviel an ehrlicher Zuwendung, Nähe und Körperkontakt bekommen. Nur, was heißt echte Zuwendung? Dauerkümmern bis zur Erschöpfung, immer auf dem Sprung sein, Dauerberieselung? Das kann genauso falsch verstanden werden wie der Ratschlag, man solle mit dem Säugling während des Stillens Blickkontakt suchen und ihn stets freundlich anlächeln. Schön, wenn das ganz von alleine geht und in diesem Augenblick von Herzen kommt. Ein gequältes Dauergrinsen oder andere gut gemeinte Tips aus Ratgeberbüchern, die nur verkrampft durchexerziert werden, bringen weder Ihnen noch dem Kind etwas. Geben Sie Ihrem Kind von Anfang an alles, was es braucht: Nahrung, Wärme, intensiven Hautkontakt. Aber: Sie müssen sich dabei nicht selbst vergessen. Denn von Anfang an sollte das Kind auch die Chance bekommen, die Mutter nicht ständig als alleiniges Zentrum zu erleben. Das ist kein Appell, Säuglinge bewußt „wegzulegen" oder in ein anderes Zimmer zu verbannen. Auch die Angst, man könnte bereits einen Säugling „verzärteln", soll nicht geschürt werden. Das bestimmt nicht.

Schlafprobleme im Säuglingsalter – Gelernt ist gelernt

Wenn ein Säugling hin und wieder beim Trinken einschläft, ist das kein Drama, sondern ganz normal. Wer sein Baby aber von Anfang an ständig an der Brust oder während des Fläschchens einschlafen läßt, bringt ihm unwillkürlich bei: Nahrung = Schlafen! Ähnlich sieht die Rechnung aus, wenn man sein Kind immer auf dem Arm in den Schlaf wiegt. Für den Säugling bedeutet das zwangsläufig: Zuwendung/Tragen = Schlafen!

Mit den geschilderten „Modellen" und Einschlafhilfen schaden Sie Ihrem Kind zwar ganz bestimmt nicht, allerdings halten die meisten Eltern das anfänglich noch bequeme Ritual meist nur kurze Zeit durch. Irgendwann sind die Kraftreserven in der Regel erschöpft, und alle Beteiligten haben ein massives Problem. Kinder wachen eben bis zu zehnmal nachts auf, und im Extremfall fordern sie jedes Mal ihr erlerntes Ritual ein. Das kann soweit gehen, daß manche Kinder, weil sie es nie anders gelernt haben, bis zu zehn Mahlzeiten pro

Nacht verlangen. Dieser Zustand ist nicht nur schädlich für die Kräfte der Eltern und die Familienharmonie, sondern auch für die Gesundheit der Kinder. Ihnen macht weniger der Schlafentzug zu schaffen, als im Extremfall zwei Liter schweren Milchbrei zu verdauen oder zwei Liter Tee in den kleinen Nieren zu verarbeiten. Wenn der Körper auf Hochtouren arbeiten muß, ist an ruhigen Schlaf ebenfalls nicht zu denken.

Der Weg aus der Gewohnheit

Hart an der Belastbarkeitsgrenze empfinden wir unsere Kinder als Tyrannen, die uns mit Absicht quälen wollen. Die Kinder hingegen verstehen die Welt nicht mehr, wenn ihre so gut gelernte Rechnung plötzlich nicht mehr aufgeht. Wir sind und bleiben eben „Gewohnheitsmenschen". Der Weg zurück ist dann nicht einfach, aber vielleicht einfacher, als man denkt – zumindest, wenn man das Verhalten der Kinder besser versteht.

Ein „Zurück" muß es dann geben – außer in den seltenen Fällen, in denen die Mutter und die ganze Familie gar nicht darunter zu leiden scheinen. Normalerweise leidet aber die gesamte Familie unter der Situation. Aggressionen machen sich breit, von den normalen Folgen eines Schlafentzugs einmal ganz abgesehen. Außerdem: **Kinder, die von Anfang an, wenn auch nur unter erlernten Schlafproblemen leiden, sind auch später häufiger von Schlafstörungen betroffen. Je früher man die Nacht nicht zum Tage werden läßt, desto besser. Zu jedem Zeitpunkt ihres Lebens können Kinder lernen, auch wieder alleine einzuschlafen.**

Lernen „im Schlaf"

○ Wenn ein Kind immer an der Brust oder während des Fläschchens einschläft, lernt es: Nahrung = Schlafen

○ Wenn ein Kind immer auf dem Arm einschläft, lernt es: Zuwendung = Schlafen

○ Genauso kann ein Kind von Anfang an lernen: Ins Bett legen = Schlafen!

Weniger ist mehr – Vom Animateur zum echten Beistand

Viele Eltern fühlen sich heute überfordert, weil sie das Gefühl nicht loswerden, ihre Kinder würden ständig an ihnen zerren und ziehen, sie müßten immer für sie da sein, ihnen etwas bieten: ein Programm, ein förderndes Spiel, Unterhaltung. Schnell werden wir zum Fläschchenkocher, Lastenträger, Autofahrer, zur ständigen One-Woman- oder One-Man-Show mit oft gelungenen Ablenkungsmanövern, nur damit das Kind nicht weint und soweit zufrieden scheint. Genügend Zuwendung, hatten wir das nicht irgendwo gelesen? Nur: Vor lauter Fläschchenkochen und Showtime haben wir gar keine Zeit mehr, wirklich für die Nöte und Bedürfnisse des Kindes da zu sein.

Mehr Zeit mit Kindern

Wir haben tatsächlich oft zuviel Zeit für unsere Kinder – ein paradoxes Fazit. Aber

wohlgemerkt: Zeit mit Kindern kann es nie genug geben. Zeit für Kinder ist dagegen manchmal fragwürdig. Warum? Kinder brauchen echte „Freizeit" im Tagesablauf. Geben Sie Ihrem Kind die Chance, sich mit sich selbst zu beschäftigen, auch wenn es anfänglich quengelt. Viele Kinder erleben heute schon von klein auf zuviel „Programm". Wir beschäftigen sie oft ständig, aus Förderung wird dann schnell Überforderung. Kinder brauchen keinen ständigen Extra-Platz, an dem sich alles nur um sie dreht. Sie brauchen einen dauerhaften Platz an unserer Seite, an dem sie das Leben mit uns teilen können.

„Wir haben zuviel Zeit für Kinder", heißt in diesem Zusammenhang lediglich: zuviel sinnentleerte Zeit. **Kinder wollen nicht dauernd mit „Spielen" beschäftigt werden. Sie wollen sehen, wie man hier auf dieser Welt lebt, was man macht, und genau das wollen sie lernen.**

Kinder an unserem Leben beteiligen

Früher begleiteten Kinder die Mutter in ihrem Arbeitsalltag. Nun spült aber die Spülmaschine, die Waschmaschine wäscht und der Staubsauger hat den Besen längst ersetzt. Ja, und? Dies soll keine Kritik an den arbeitserleichternden technischen Errungenschaften unserer Zeit sein, zumal, wenn die Spülmaschine kaputt ist, oftmals der gesamte Haushalt kollabiert. Aber überall heißt es gegenüber Kindern nur noch: Finger weg, dazu bist du noch zu klein. Dafür machen wir ein kleines Spiel, mein Schatz. Solange die Spülmaschine spült, die Waschmaschine wäscht ... Sie kennen die Geschichte. Spätestens am Abend sind wir geschafft vom Spielen. Es hat sich in der Regel das meiste „ums" Kind gedreht – und jetzt soll verständlicherweise ruckzuck Feierabend sein. Verständlich – nur nicht für das Kind. Denn ihm hätte es gereicht, wenn wir in „Notsituationen" ganz für es da sind und es uns sonst auf unserem Weg durch den Tag selbstverständlich und „sinnvoll" begleiten kann. Sinnvoll darf man hier wörtlich nehmen: erfahren mit allen Sinnen. Die Mutter und die Dinge um sie herum bei allen Tätigkeiten spüren, sehen, hören, riechen. Einfache Arbeiten sind für alle Kinder das schönste Spiel: Küche ausfegen, abwaschen, Wäsche aufhängen (die Vorstufe davon wäre frischgewaschene Wäsche auf dem Boden verteilen), Paprika schneiden oder Zucchini schälen.

Bleiben Sie sich treu

Wenn uns dieser Schritt rückwärts gelingt, auch unsere kleinen Aufgaben wieder wichtig und ernst zu nehmen und unsere Kinder daran teilhaben zu lassen, dann ist ein großer Schritt in Richtung „echter Beistand" schon getan. Bereits einem kleinen Baby bringt es unter Umständen mehr, seiner Mutter in Ruhe beim Kartoffelschälen zuzusehen, als wenn sie diese Aufgabe im größten Streß erledigt, während das Kind schläft, und ihm nach dem Aufwachen die Rassel vor das Näschen hält. Vor allem deshalb, weil jeder davon irgendwann einmal die Nase voll hat – nicht unbedingt das Kind, aber die

Mutter. Schnell stellt sich dann das Gefühl ein: Aber ich tu' doch alles für das Kind – bis zur Erschöpfung.

Echten Beistand können Sie aber nur leisten, wenn Sie tatsächlich da sind und Sie selber bleiben. Bleiben Sie, so weit es geht, der Mensch, der Sie vorher waren, mit allen Launen und Freuden, denn die spürt Ihr Kind sowieso. Mit dem allerbesten Willen und der liebevollsten Absicht verfallen wir allzuschnell in blanken Aktionismus. Wir veranstalten alles Mögliche, damit das Kind nicht weint – obwohl es vielleicht einen guten Grund hat zu weinen, wer weiß?

Zum Beispiel beim Kinderarzt: Das Kind weint zu Recht, wenn ein Fremder ihm zu nahe kommt, ihm vielleicht sogar weh tut. So hart es ist, da muß selbst das kleinste Kind durch, und es hat ein Recht, deshalb zu weinen, zu protestieren. Lenkt die Mutter es dann mit einer Ersatzbefriedigung ab, entsteht bei dem Kind oft ein totales Gefühlschaos. Das Kind ergibt sich dann lediglich einer wirren Reizüberflutung und hat eine klare Erfahrung weniger gemacht, durchstanden und verarbeitet. Nicht zuletzt durch solch ein Verhalten, das auf viele Situationen – auch aufs Schlafen – übertragbar ist, füllen sich die Praxen zunehmend mit sogenannten hyperaktiven Kindern, die viele Reize einfach nicht mehr richtig verarbeiten und kanalisieren können. Angeborene Hyperaktivität, die durch einen Stoffwechseldefekt und einen sogenannten Ritalin-Mangel entsteht, ist übrigens äußerst selten. Deshalb ist weniger mehr: dem Kind die hilfreiche Hand immer zu bieten, damit es sie sich nehmen kann, wenn es sie braucht.

Gemeinsame Wege zu einer ruhigen Nacht

Was heißt echter Beistand nun ganz praktisch? Bisher haben Sie Ihrem Baby zum Einschlafen vielleicht irgendwelche Hilfen gegeben: Sie haben es herumgetragen, die Brust oder die Flasche gegeben, im Auto spazierengefahren ... Möglicherweise haben Sie auch alles nacheinander versucht, und Ihr Kind wußte gar nicht mehr, was es tun sollte und wurde immer aufgeregter. Denn innerlich waren Sie längst nicht mehr bei ihm. Sie haben alles nur noch getan, damit es schläft.

Jetzt müssen sie ihm deutlich zeigen, was es tun soll. Das heißt, **Ihr Kind muß Schritt für Schritt wieder lernen: Ins Bett legen bedeutet, alleine einschlafen, aber Sie bleiben bei ihm und lassen es nicht allein.** Vorerst zumindest, denn Ihr Kind wird seine Welt zunächst nicht mehr verstehen. Sie und Ihre Regeln brechen plötzlich zusammen. Alles ist anders als bisher. Dieser Weg kostet alle zwar nochmals Kraft, aber Sie können sich in der Sicherheit wiegen, daß die ruhigen Nächte kommen werden.

Wenn Sie sich sicher sind, daß Sie die Situation wirklich ändern wollen und mit viel Geduld, aber festem Willen das Ziel deutlich vor Augen haben, dann schaffen Sie es sicher. Entscheidend für den sanften Ausstieg aus den Horror-Nächten ist Ihre innere Einstellung dem Kind gegenüber. Das Kind ist kein Störfall, den ich jetzt „entstöre", indem ich ein bestimmtes Programm absitze. Denken Sie vielmehr daran: „Ich weiß, wie schwierig das jetzt für dich ist, aber ich bin hier, und du wirst das schon schaffen." Sprechen Sie sich ruhig auch selbst Mut zu: „Mein Kind kann das, und ich schaffe das auch!"

Damit Schlafprobleme gar nicht erst auftreten

○ Lassen Sie Ihr Baby nicht regelmäßig an der Brust oder mit dem Fläschchen einschlafen. Hin und wieder darf das aber ruhig sein.

○ Machen Sie nicht selbst die Nacht zum Tag. Nachts gilt: maximal Schummerlicht zum Stillen und Wickeln. Die Nacht ist nicht zum Spielen da, kein Lärm, keine Hektik.

○ Überlegen Sie, ob Sie Ihr Baby nicht einfach in Ihrem Bett schlafen lassen wollen oder zumindest direkt neben dem Elternbett. So fühlt es sich sicherer, Sie haben es „griffbereit", und der kalte Gang ins Kinderzimmer entfällt.

○ Geben Sie Ihrem Kind auch tagsüber die Chance, sich selbst zu beruhigen. Versuchen Sie, die Ursachen für sein Weinen herauszufinden und ihm zu helfen, aber lenken Sie es nicht dauernd mit Ersatzbefriedigungen ab.

○ Legen Sie es, wenn möglich, wach in seine Wiege oder ins Elternbett. So lernt es automatisch: Ins Bett legen heißt schlafen.

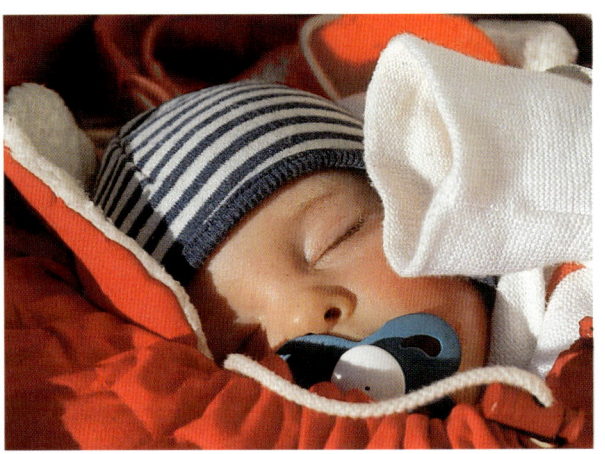

Das Schlaftagebuch

Legen Sie ein Schlaftagebuch an und
schreiben Sie genau auf, wann und wieviel Ihr Kind schläft. So können Sie leicht
feststellen, ob Ihr Kind tatsächlich den
Tag zur Nacht macht. Gestörte „Schlaf-
hygiene" nennt das die Schlafmedizin,
wenn zu viele oder zu lange Tagschläf-
chen den Nachtschlaf rauben. Oftmals
hilft dann nichts anderes, als das Kind
tagsüber auch mal aufzuwecken. Vorher
tief durchatmen, denn ein verschlafenes,
quengeliges Kind ist Ihnen an diesen Tagen gewiß. Der Lohn dieser Methode sind
dann aber oft ruhigere Nächte.

Pssst, das Kind schläft!

Kommt Ihnen dieser Satz bekannt vor?
Bestimmt! In den meisten Familien mit
kleinen Kindern fällt er regelmäßig – und
ist völlig überflüssig. Ein gemütliches
Abendessen mit Freunden, es wird gelacht
und geredet und das direkt neben dem
Schlafzimmer? Na klar, Kinder gehören
zum Leben dazu, auch wenn sie noch
über die Hälfte davon verschlafen. Sie

nehmen daran Anteil – und schlafen trotzdem oder gerade deswegen. Denn das Kind weiß, wenn
es wach wird: „Ich bin nicht
allein." Und die Eltern? Die leben
ihr Leben – mit Kind.
Äußere Geräusche und Störungen sind es übrigens selten, die
Kinder aufwecken oder am Einschlafen hindern. Erfahrungen in
Kinderkrankenhäusern zeigen
folgendes: Selbst wenn mitten in
der Nacht ein neues Kind ins
Zimmer gebracht wird, Kranken-
schwestern und Ärzte es noch bei hellem
Licht versorgen, wachen die anderen Kinder oft nur kurz auf, schauen sich um und
schlafen sofort wieder ein.

Daumen contra Schnuller

Alle Kinder nuckeln gerne und brauchen
diese orale Befriedigung – mal mehr, mal
weniger. Der Schnuller schadet Ihrem
Kind bei sinnvollem Gebrauch in keinem
Fall, vielleicht aber Ihren Nerven. Viele
Kinder verlieren den Schnuller nachts
häufig und brauchen ihn dann wieder
zum Einschlafen. Schläft das Kind im
oder direkt neben dem Elternbett, reicht
ein Griff ins wohlweislich angelegte
Schnuller-Ersatzteillager. Ist deshalb aber
jedesmal ein Marsch ins Kinderzimmer
nötig, wird die Schnullersuche zur Tortur.
Wer also sichergehen will, verläßt sich
auf den Daumen des Kindes: Zwar ist er
nicht „kieferorthopädisch" geformt, aber
viele Kinder- und Zahnärzte sind sich
heute ziemlich sicher, daß er dem Kind
nicht schadet.

Der „sanfte" Ausstieg –
Neue Einschlafhilfen für Ihr Kind

Die Pflicht –
Verhaltensbeispiel Nr. 1

Wenn Sie Ihr Kind ohne seine üblichen Rituale ins Bett legen, dann machen Sie sich auf einiges gefaßt. Ein neun Monate altes Kind beispielsweise kann gut eine Stunde lang durchschreien, um seine Gewohnheiten „einzufordern". Damit drückt es keine Wut aus, sondern leidet tatsächlich. Dies schadet ihm aber nicht – wenn Sie bei ihm bleiben und das Kind sich nicht schlagartig verlassen fühlt. Machen Sie sich das bewußt, bevor Sie Ihr Kind, vielleicht das erste Mal in seinem Leben, wach in sein Bett legen und den „sanften Ausstieg" beginnen:

○ **Machen Sie den Tag nicht zur Nacht:** Sollte Ihr Kind am Tage zuviel schlafen, wecken Sie es auf, damit es nachts auch wirklich müde ist.

○ **Halten Sie, wenn möglich, ziemlich genaue Schlafzeiten ein:** Wenn Ihr Kind das Baden genießt und dabei in der Regel schläfrig wird, können Sie dies ja zeitweise in Ihr Abendritual miteinbeziehen. Doch Vorsicht: Allzuviel ist ungesund. Wenn es immer bei der letzten Abendmahlzeit einschläft, geben Sie ihm die Brust oder das Fläschchen schon etwas früher, damit es nicht einschläft, und halten Sie es beim Trinken möglichst wach.

○ **Gestalten Sie das Zubettbringen besonders schön:** das heißt bei ganz kleinen Kindern vorwiegend schmusen, streicheln und kuscheln. Nehmen Sie sich Zeit beim Windelwechseln. Ruhige Kinderverse und Lieder helfen nicht nur den Kindern, sondern auch nervösen Erwachsenen. Geben Sie Ihrem Kind einen Gute-Nacht-Kuß, streicheln Sie es noch einmal, singen Sie ihm ein Lied vor, aber nur wenn Sie Lust dazu haben. Dann sagen Sie ihm zärtlich, aber bestimmt, was Sie von ihm wollen: „Schlaf jetzt, mein Schatz. Ich bin da, du mußt dir keine Sorgen machen!"

○ **Bleiben Sie konsequent,** auch wenn Ihr Kind protestiert! Bisher haben Sie eventuell ganze Marathonläufe mit Ihrem Kind veranstaltet, nur damit es schläft. Ihre neue Botschaft heißt: Bett bedeutet schlafen. Wenn Sie Ihr Kind nun nach ein paar Minuten wieder aus dem Bett nehmen, wandeln Sie diese Botschaft um, und Ihr Kind kann Sie gar nicht mehr ernst nehmen.

○ **Ihre Botschaft ist Ruhe:** Bleiben Sie ruhig neben seinem Bett sitzen, bieten Sie ihm Ihre Hand, damit es sie greifen und sich festhalten kann – wenn es will. Aber werden Sie nicht selbst „aktiv". Wenn Sie das, wie die meisten, nicht aushalten, singen oder summen Sie vor sich hin. Der Text ist jetzt nicht ausschlaggebend, es darf ruhig immer wieder „Schlaf, Kindlein, schlaf" in der Endlosfassung sein. Auch das kann beide beruhigen.

○ **„Ich bin bei dir":** Das erste Mal wird Ihr Kind vielleicht bis zu einer Stunde lang weinen – aber Sie sind ja bei ihm. Beim zweiten Mal geht es schon besser. Nach und nach können Sie sich auch von seinem Bett entfernen. Sagen Sie ihm ruhig: „Ich bin da, du hörst mich ja." Lassen Sie aber in jedem Fall die Türe auf und bleiben Sie hörbar. Singen Sie weiter vor sich hin, reden Sie vor sich hin und klappern Sie beim Abwasch ordentlich mit den Töpfen. Nur so zu tun, wäre albern, also suchen Sie sich eine „echte" und hörbare Beschäftigung. Zwischendrin können Sie ganz nach Ihrem Gefühl zu Ihrem Kind gehen und ihm und sich selbst noch einmal versichern: „Ich bin da, du schaffst das schon, schlaf jetzt ...!" Nach ein bis zwei – maximal drei – „harten" Wochen, ist es meist ausgestanden. Manchmal dauert es auch nur ein bis zwei Tage.

So kann jedes Kind, in jedem Alter „alleine" einschlafen, auch wenn Sie es in der Nacht noch stillen oder ihm das Fläschchen geben. Dieser Weg gilt für alle falsch erlernten Einschlafhilfen – außer Sie trudeln schon mitten in der „Breispirale" (vgl. Verhaltensbeispiel Nr. 2). Allerdings gibt es einen noch einfacheren Weg, vorausgesetzt, alle Familienmitglieder können sich mit ihm anfreunden: das Familienbett – aber dem haben wir ein eigenes Kapitel gewidmet.

Die Kür – Verhaltensbeispiel Nr. 2

Etwa ab dem sechsten und spätestens ab dem neunten Monat braucht ein Kind ernährungsphysiologisch nachts keine Nahrung mehr. Hat sich sein Stoffwechsel aber bereits an reichhaltige Nachtmahlzeiten gewöhnt, muß der Ausstieg noch behutsamer erfolgen. Es sei denn, die Eltern haben noch Nerven wie Drahtseile und stehen einen harten Ausstieg durch. In der Regel macht so ein „kalter Entzug" aber weder für die Eltern noch für die Kinder Sinn, selbst wenn er etwas kürzer dauert.

Bei der sanften Methode wird zuerst der Kaloriengehalt des Breis reduziert, dann erst die Trinkmenge. Zusätzlich übernehmen Sie den „passiven Beistand" aus unserem ersten Verhaltensbeispiel. In einzelnen Schritten heißt das:

○ **Reduzierung des Kaloriengehalts:** Im Lauf von zwei bis drei Wochen geben Sie jede Nacht weniger Breipulver ins Fläschchen, bis zum Schluß nur noch lauwarmes Wasser übrig ist. Der Stoffwechsel Ihres Kindes benötigt jetzt die zusätzlichen Kalorien nicht mehr, es wird aber dennoch protestieren. Brei schmeckt nun mal besser als Wasser. Sie haben dennoch die Sicherheit, daß Ihrem Kind nichts fehlt. Körperlich vermißt Ihr Kind nichts, und Sie können sich jetzt gelassener an Verhaltensbeispiel Nr. 1 orientieren.

○ **Reduzierung der Trinkmenge:** Die reine Wassermenge reduzieren Sie dann ebenfalls nach und nach – falls Sie Ihnen nicht aus lauter Protest sowieso um die Ohren fliegt und Ihr Kind das pure Wasser gar nicht will ... Genauso reduzieren Sie andere kalorienlose Getränke. Wenn Sie ganz behutsam vorgehen wollen, heißt das 5 ml pro Tag, von 200 ml auf 0 also genau 40 Tage. Mehr Reduktion bedeutet auch mehr Protest. Wählen Sie selbst aus, welche Methode für Sie und Ihre Nerven die richtige ist.

Die „Gebrauchsanweisung" fürs Kind? – Wegsperren ist keine Lösung

> „Das Weinen eines Kindes in der Stille wiegt schwerer als der Fluch eines mächtigen Mannes im Zorn."
>
> Elizabeth B. Browning

In jüngster Zeit hat eine Methode mit exakt vorgegebenen Schlaf- und Schreiplänen einen durchschlagenden Erfolg bei gestreßten und hilfesuchenden Eltern. Diese Methodik, die auf den amerikanischen Urvater Prof. Richard Ferber zurückgeht, scheint hervorragend in die heutige Zeit zu passen. Kinder, so lautet die Devise der erfolgsorientierten Gesellschaft, sollen funktionieren. Daß Kinder diesen Erwartungen zum Glück meist nicht entsprechen oder sich doch noch den einen oder anderen Schnitzer erlauben, wird nach Dr. Ferber mit rigiden Maßnahmen beantwortet. Wegen „falschen Verhaltens" oder Trotz wird ein Kind weggesperrt. Die Kinder werden dabei wohl-, aber hochdosiert alleingelassen und das von heute auf morgen. Die Tür bleibt zu! Wirft ein Kind beispielsweise mit seinem Essen wild um sich, wäre das Wegsperren jedoch keine logische Konsequenz. Traurig, wenn uns Eltern nichts anderes einfällt als „ab ins Kinderzimmer und Türe zu", wohlgemerkt ebenfalls nach striktem Plan. Nie länger als das Kind alt ist: zwei Minuten für zwei Jahre, vier Minuten für vier Jahre. Hat sich das Kind dann immer noch nicht beruhigt, gleich nochmal von vorne.

Ein Kind braucht klare Regeln

Was zeigen wir ihm damit? Wir haben die Macht, du bist klein und hilflos. Und wir lösen damit einen Vertrauensbruch aus, denn Kinder kennen keine Uhr: Zwei Minuten können für sie eine Ewigkeit bedeuten. Dabei sind Babys noch nicht in der Lage, uns zu terrorisieren und ihren Willen mit Berechnung durchzusetzen, sondern sie sind ganz und gar von unserem Willen abhängig. Sie haben kein anderes Mittel zu kommunizieren, und ihr Weinen bedeutet immer: „Komm her, bleib bei mir", aus welchen Gründen auch immer. Sie brauchen unsere Zuwendung und Nähe, so existentiell wie ihre Nahrung auch. Bei älteren Kindern ist dies nicht viel anders: In der Trotzphase wollen sie uns auf die Probe stellen und sich selbst behaupten. So werden sie selbständig und „groß". Um sich in der Welt zurechtzufinden, müssen sie deshalb immer wieder ihre Grenzen ausloten. Tatsächlich braucht ein Kind klare Regeln. Diese können wir ihm auch logisch zeigen: „Wenn du mit dem Essen herumschmeißt, kommt es weg. Denn dazu ist es nicht da, nur für den, der Hunger hat." Mit einer genauen „Gebrauchsanleitung" hingegen behandeln wir nur die Symptome. Wir „entstören" unsere Kinder lediglich, geben ihnen aber nicht die Chance, wieder zu lernen, sich selbst zu beruhigen. Ohne diese Chance resignieren Kinder und reagieren sehr wohl mit Verlassensängsten. Ängste, die sich nie lautstark zeigen, sondern sich still einnisten ...

Die Angst, verlassen zu werden

Viele Kinderärzte schätzen die Folgen einer solchen Methodik nach tiefenpsychologischen Erkenntnissen alles andere als harmlos ein. Der Glaube an eine unzerstörbare Beziehung, das Urvertrauen an die Eltern und die Menschheit bröckelt in den Minuten des Weggesperrtseins. Auch ein Schlaf- und Schreiplan ist nichts anderes. Die Folge kann eine spätere Beziehungsproblematik sein. Aus Angst, eine Beziehung zu verlieren, trauen sich die erwachsen gewordenen Kinder immer noch nicht, konstruktive Kritik zu üben – sie fürchten, als Strafe dafür verlassen zu werden. Gerade dadurch aber brechen diese Beziehungen häufig, was die Theorie der Betroffenen nur bestätigt. Schon als Kind wußten sie: Wenn ich nicht so „funktioniere", wie es mein Gegenüber will, werde ich verlassen! Keine Angst, das passiert nicht, wenn Ihr Kind mal alleine weint und Sie nicht gleich zur Stelle sind. Trotzdem sollten solche Straf-Methoden nach Ferber auch unter diesem tiefenpsychologischen Aspekt betrachtet werden.

Die logische Konsequenz

Kinder brauchen zwar Regeln und klare Grenzen, Erwachsene sollten Ihre Macht aber nicht ausspielen! Statt Strafmaßnahmen oder einer „Auszeit", in der Kinder „weggesperrt" werden, sollen sie vielmehr die logische Konsequenz aus ihrem Verhalten tragen. Diese können sie selbst auch wirklich nachvollziehen. Für uns bedeutet das natürlich jedesmal „mitdenken".

○ Wer sich morgens beispielsweise nicht pünktlich anzieht, geht eben im Schlafanzug in den Kindergarten!

○ Wer nicht ins Bett geht, hört nur eine kurze Geschichte, sonst hätte es die längere gegeben.

○ Wer seine Kleider nicht aufräumt, bekommt keine sauberen Sachen mehr. Spätestens wenn Ihr Kind nichts mehr anzuziehen hat, wird es umdenken.

Wichtig ist: Kündigen Sie die logische Konsequenz und die Folge für Ihr Kind immer an – nur eben keine zehn Mal!
Das Geschrei wird dann meist trotzdem groß sein, Kinder erkennen aber schnell, daß Sie es ernst meinen. Und dann können Sie den Versprechen Ihrer Kinder Glauben schenken. „Ich verspreche mit Indianerehrenwort, meine Kleider immer aufzuräumen." Ihr Kind wird sich daran halten, vorausgesetzt, auch Sie halten sich immer an Ihre Versprechen und haben ihm vorgelebt, was ein Ehrenwort bedeutet.

Wenn Kinder nicht im Bett bleiben wollen

Für viele Kinder fängt das Schlaf-Problem erst an, wenn die Gitterstäbe ihres Kinderbettchens fallen. Unsere Kinder, inzwischen des Laufens mächtig, merken sehr wohl: „Das ist die große Freiheit, raus aus der ‚Käfighaltung‘, mal schauen, was es da draußen noch Spannendes gibt." Sie bleiben möglicherweise nicht mehr in ihrem Bett.

Wir Eltern erleben das oft als einen Machtkampf. Nur, wer macht dieses Problem eigentlich zu einem Machtkampf? Die Kinder wollen aus einem ganz legitimen Interesse noch bei den Eltern bleiben, in ihrer Nähe. Vielleicht gibt es da auch noch einen flimmernden Fernseher im warmen, hell erleuchteten Wohnzimmer, leckere Erdnüsse oder Chips! Wir selbst blasen zum offenen Kampf, wenn wir anfangen, lediglich unsere Kräfte zu messen. Wer hält das „Zurück-ins-Bett-tragen" länger durch? Wer hat den längeren Atem beim Tür zu/Tür auf-Spiel? Sie können Ihr Kind nicht ins Bett oder in sein Zimmer zwingen.

Die „No-action"-Methode

Zeigen Sie Ihrem Kind, egal in welchem Alter, auch in solchen Fällen logische Konsequenzen. Was ist logisch, wenn ein Kind nicht schlafen will? Zuerst einmal müssen wir akzeptieren, daß es noch nicht schlafbereit ist. Und dann? Zeigen Sie ihm einfach, daß hier draußen bei Ihnen nichts Spannendes passiert und daß Sie Ihre Ruhe haben wollen. Sagen Sie ihm beispielsweise: „Du sollst doch jetzt schlafen, damit du morgen für einen neuen Tag fit bist. Aber schau dich ruhig um. Hier passiert jetzt nichts mehr für dich. Ich muß arbeiten." Nehmen Sie sich doch die Bügelwäsche vor, auch wenn es Ihre Laune nicht gerade hebt.

Konsequenz ist das A und O

Konsequent müssen Sie hier nur in einem Punkt sein: **Wenn Sie tatsächlich Ihre Ruhe wollen, dann verhalten Sie sich auch so.** Das steht Ihnen immer zu, und das verkraftet jedes Kind. Zeigen Sie Ihrem Kind aber immer: „Ich bin da, während du schläfst, und morgen habe ich gerne wieder Zeit für dich." Ignorieren Sie es nicht völlig, sondern „freundschaftlich". Reden Sie nicht aktiv mit ihm, aber beantworten Sie seine Fragen ruhig und „kurz angebunden". Ein zähes „Ja" bzw. „Nein" oder „weiß nicht" reicht. Ihr Kind wird so schnell begreifen, daß es sich nicht lohnt, gegen seine Müdigkeit anzukämpfen, denn hier passiert nichts Aufregendes. Ist es tatsächlich müde, wird es sich dann binnen kurzer Zeit wieder ohne Gegenwehr ins Bett bringen lassen. Wenn es einfach irgendwo auf dem Sofa einschläft, ist das auch kein Drama. Das wird sich ebenfalls von ganz alleine legen, denn es merkt: Dort draußen macht Schlafen nicht unbedingt Spaß – mit einem schönen Schlafritual kann ich gut zufrieden sein. Manchmal sind Kinder aber einfach nicht müde. War das Mittagsschläfchen diesmal länger? Wie müde Ihr Kind ist, können Sie selbst am besten einschätzen, also bringen Sie es lieber gleich später ins Bett oder lassen Sie es noch eine halbe Stunde im Wohnzimmer spielen, aber „alleine". **Wichtig ist, daß beide Elternteile an einem Strang ziehen.** Der Effekt ist gleich Null, wenn die Mutter die oben beschriebene Methode durchzieht, während der Vater fröhlich mit dem Kind spielt, weil er es den ganzen Tag nur zehn Minuten beim Abendessen gesehen hat. Vielleicht ist das ja auch der Grund, warum das Kind noch nicht schlafen will. In diesem Fall planen Sie die Spielstunde einfach fest ins Abendritual mit ein. Kommt der Vater zu unregelmäßigen Zeiten nach Hause, kann die gelegentliche abendliche Stippvisite des Sprößlings im Wohnzimmer für beide eine Freude sein. Dann gilt: Der Vater bringt das Kind auch ins Bett, wenn beide genug haben. Die Mutter hat ihren verdienten „Feierabend".

Tip

Benutzen Sie das Bett nie als Strafe! „Wenn du nicht sofort Ruhe gibst, kommst du ins Bett ..." Das Bett soll für die Kinder nie ein Ort der Verbannung sein, sondern der gemütlichste und sicherste Platz in der Wohnung.

Hunger, Durst und andere Geduldsspiele

Die Kinder schlafen durch, das Abendritual läuft prima, aber kurz danach beginnt die Zerreißprobe für abendschlaffe Elternnerven: „Ich hab' noch Durst." „Also gut, hier hast du ein Glas Wasser." „Ich hab' noch Hunger." „Jetzt gibt's nichts mehr!"

Das ist keine Grausamkeit. Größeren Kindern, die dieses Spiel gerne spielen, können Sie ein „Nein" schon zumuten. Wenn Sie das Gedulds-Spielchen bereits kennen, dann weisen Sie Ihre Kinder aber schon beim Abendessen darauf hin: „Im Bett gibt's nichts mehr. Wer Hunger hat, ißt jetzt." Bleiben Sie dann aber auch konsequent! Sie müssen allerdings nicht immer alles zur strengen Regel machen. Wenn der plötzliche Heißhunger nur ab und zu vorkommt, dann kann es schon mal eine Ausnahme geben – aber kein Festmahl.

Keine Sorge, wenn Ihnen der Geduldsfaden tatsächlich einmal reißt: Ein herzhaftes „Jetzt ist Schluß, das nervt mich!" können Ihre Kinder verkraften. Haben Sie das Spiel schon zu lange mitgespielt und sind Sie richtig explodiert – das passiert jedem einmal –, dann ist eines wichtig: Schließen Sie nach einer solchen Brüllattacke Frieden mit Ihrem Kind und lassen Sie es nicht verängstigt einschlafen. Es bricht Ihnen kein Zacken aus der Krone und tut Ihrer Autorität keinen Abbruch, wenn Sie sich bei ihm entschuldigen. Ihr Kind und Ihr Gewissen schlafen dann besser.

Die „Gute Nacht" kommt nach dem „Guten Tag"

Ein regelmäßiger Tagesrhythmus – ohne Zeitdruck

Nach einem aufregenden Kindergeburtstag ist eine ruhige Nacht so gut wie ausgeschlossen – das kennen alle Eltern. Doch zum Glück steigt nicht jeden Tag so eine „Riesenfete". Im Gegensatz zu diesen „Ausnahmezuständen" können wir Kindern mit einem relativ regelmäßigen und streßfreien Tagesablauf das Einschlafen erleichtern. Regelmäßigkeit heißt für das Kind: „Ich kann einschätzen, wie das hier abläuft. Ich fühle mich sicher, denn ich weiß, was kommt." Doch Regelmäßigkeit bedeutet nicht Sturheit. Sie müssen nicht immer strikt nach Stundenplan handeln. Je nach Charakter und Sensibilität Ihres Kindes merken Sie sicher selbst, wieviel Flexibilität und Hektik Sie ihm im Alltag zumuten können. Wenn es aber unter Schlafstörungen leidet, schalten Sie auf jeden Fall „einen Gang zurück". **Ein überschaubarer Tagesrhythmus mit genügend Ruhepausen ist sowohl für kleine wie auch für große Kinder nach wie vor die beste Schlafmedizin.** Dazu gehören auch weitgehend feste Schlafens- und Essenszeiten, an denen sich ein Tagesablauf orientiert.

Bei einem Neugeborenen richten Sie sich am besten nach dem Rhythmus des Kindes und vergessen die ersten Wochen Ihren eigenen, straffen Terminkalender. Es muß nicht immer alles wie am „Schnürchen" laufen. Und wenn Sie zur Rückbildungsgymnastik oder zum Zahnarzt zu spät kommen – na und! Lassen Sie sich nicht von außen unter Zeitdruck setzen. Zugegeben, wer aus einem hektischen Berufsalltag in das „Muttersein" überwechselt, muß das oft erst wieder langsam lernen: Gelassenheit, sich Zeit lassen, die Ruhe genießen, Stille schätzen. Ein Kind bestimmt zwar jetzt unseren Lebensrhythmus, gibt uns damit aber die Chance, diesen von selbst gemachten Streß zu entrümpeln. Es ist eine Gratwanderung, die jeder mit etwas Einfallsreichtum statt mit Stundenplänen meistern kann: Rücksicht auf das Kind zu nehmen, gleichzeitig aber das eigene Leben zu leben und dabei auch die Paarbeziehung nicht zu vergessen.

Zufriedene Eltern haben zufriedene Kinder

Grundsätzlich gilt: Zufriedene Eltern haben zufriedene Kinder. Deshalb finden Sie in diesem Kapitel auch nicht, wie der „Gute Tag" genau aussehen soll. Allzu oft hängen wir an Idealbeschreibungen, die wir im Alltag gar nicht halten können: die mit Hingabe und aus Berufung strickende, bügelnde, kochende, umsorgende und immer ausgeglichene Bilderbuchmutter beispielsweise, die wir nicht sein können, weil wir arbeiten müssen oder wollen. Die Familienstrukturen haben sich in den letzten 30 Jahren stark verändert. Frauen bekommen in der Bundesrepublik heute ihr erstes Kind mit durchschnittlich 28,9 Jahren. Männer sind im Schnitt 32,62 Jahre alt, wenn sie Vater werden. Beide bringen also eine sehr eigene, individuelle Lebensgeschichte mit. Sicher ist sie „ideal", diese Vorstellung vom heimeligen Nest, in dem die Mutter – oder auch der Vater – immer zu festen Zeiten und für die Kinder nachvollziehbar das gemeinsame Familienessen mit Liebe zubereitet. Wunderschön, wenn wir dieses Ideal von Herzen verwirklichen können. Wir können es anstreben, nur dürfen wir ihm auch nicht verzweifelt nachhängen. Neue Tatsachen, neue Familienstrukturen fordern neue, genauso individuelle und kreative Lösungen. Ein schlechtes Gewissen ist der schlechteste Begleiter durch den „Guten Tag". Nur ein Beispiel, das für viele andere steht: Gehen Sie mit Ihrem Kind immer in der Mensa essen, nachdem Sie es von der Krippe abgeholt haben, findet

Ruhepausen – So wichtig wie Essen und Trinken

Kinder brauchen Ruhepausen vom hektischen Alltag – Legen Sie doch einfach eine „altmodische" Mittagsruhe fest. Nach dem Mittagessen ist eine Stunde „Ruhe", und das gilt für alle. Machen Sie es Ihren Kindern vor. Legen Sie sich aufs Sofa, lesen Sie ein bißchen, entspannen Sie sich. Das kann am Anfang schwierig sein. Ihre Kinder revoltieren vielleicht, aber sie werden diese Auszeit schnell akzeptieren und dann genießen. Natürlich dürfen sie auch in dieser Zeit spielen und müssen nicht immer „mucksmäuschenstill" sein. Dann aber bitte in einem anderen Zimmer. Um diese Regel einzuführen, brauchen Sie vielleicht etwas Durchhaltevermögen, aber bleiben Sie dabei: Jetzt ist Ausruhzeit!

Ihr Kind das sicher völlig in Ordnung, und es schadet ihm auch nicht – solange Sie hinter dieser Entscheidung stehen und mit sich selber einig sind. Solche scheinbaren „Nest-Defizite" und „Streß-Faktoren" können wir mit Phantasie und anderen festen Ritualen auffangen. Für Kinder ist beispielsweise wichtig, woher das Essen kommt, wie es gemacht wird und wer es macht. Zeigen Sie es Ihrem Kind doch einfach und gehen Sie mit ihm in die Mensa-Küche. Das kann für Sie selbst übrigens genauso spannend sein.

„Inseln" im Alltag

Gemeinsame „Inseln" sind für alle der Anker im Tagesablauf, die Sie sich bei allem Streß auch nehmen sollten: Frühstück, Mittagessen, Abendritual. Dazu gemeinsame „Freizeit-Inseln" nur für die Familie, die alle zusammen genießen können: eine regelmäßige Spielstunde, der feste Besuch beim Lieblingspony, der Badeausflug oder die „Nasch-Tour" über den Wochenmarkt.

Krankheitsbedingte Schlafstörungen –
So erkennen Sie Warnsignale

Die meisten Schlafstörungen von Kindern sind zwar erlernt, aber es gibt auch physiologische Ursachen, die Kinder nicht schlafen lassen. Diese sollten Sie immer zuerst ausschließen können.

„Ohne Atem" – Die Schlafapnoe

Bei der Schlafapnoe handelt es sich um eine Atemstörung. A-pnoe heißt nichts anderes als „ohne Atem". Bis zu hundertmal pro Nacht kann es zu plötzlichen Atemstillständen kommen, die in der Regel einige Sekunden, im Extremfall aber auch bis zu zwei Minuten dauern können. Man findet diese Symptome zwar hauptsächlich bei übergewichtigen Männern über vierzig, aber auch Kinder können davon betroffen sein. Die oberen Luftwege verschließen sich, sehr wahrscheinlich durch eine anlagebedingte Bindegewebsschwäche und einen insgesamt schwachen Muskeltonus, das Kind hört auf zu atmen. Sinkt der Sauerstoffspiegel im Blut zu stark ab, schrillen die Alarmglocken im Gehirn, und das Kind schreckt jedesmal auf – und atmet weiter. Dieses ausgeklügelte „Sicherheitssystem" bewahrt die Kinder davor, im Schlaf zu ersticken. Auch wenn viele Kinder nicht immer nach einem Atemstillstand richtig wach werden und sofort wieder einschlafen, schlafen sie doch nicht mehr effektiv. Sie sind tagsüber müde und matt. Auch wenn die Schlafapnoe zumindest bei Kindern durch das „Sicherheitssystem" nie richtig gefährlich werden kann, muß sie wegen der Folgeerscheinungen der

Schlafstörung behandelt werden. Bemerkbar macht sich die Schlafapnoe zunächst durch Schnarchen; meist sind vergrößerte Mandeln und Polypen die Ursache. **Doch Achtung: Alle Kinder, die unter Atemstillständen leiden, schnarchen zwar, aber nicht alle Kinder, die schnarchen, leiden auch unter Atemstillständen.** Beobachten Sie Ihr Kind nachts, wenn Sie eine Schlafapnoe vermuten. Am besten, Sie nehmen es zu sich ins Bett. Bestätigt sich der Verdacht, müssen in der Regel die vergrößerten Mandeln und Polypen operativ entfernt werden, um die Apnoe auszuschalten. Schnarcht Ihr Kind aber „nur", dann ist eine Entfernung der Mandeln und Polypen oft nicht nötig. Wird das Kind nicht massiv beeinträchtigt, können Sie – unter der regelmäßigen Überwachung durch den Kinderarzt – erst einmal abwarten. Mandeln und Polypen bilden sich oft von selbst bis zum Eintritt ins Schulalter zurück. Da es sich um eine lymphatische Veranlagung handelt und meist um eine allgemeine Abwehrschwäche, kann eine Rückbildung zumindest gefördert werden: homöopathisch, durch Akkupunktur oder durch eine Immunmodulation – eine

Tip

Schnarchen kann bei Kindern auch immer ein Hinweis auf eine bestehende Allergie sein. Ihr Kinderarzt kann sicher abwägen, ob ein Allergietest sinnvoll ist.

allgemeine Stärkung des Immunsystems. Sicher sind der Naturheilkunde klare Grenzen gesetzt. Es lohnt sich aber manchmal, zwei oder drei Ärzte zu konsultieren.

Vorübergehende Auslöser von Schlafstörungen

Akute Krankheiten, die vorübergehende Schlafprobleme auslösen, erkennen Sie immer daran, daß sie plötzlich auftreten. Das Kind verhält sich anders als sonst. In diesem Fall konsultieren Sie sicherheitshalber immer Ihren Kinderarzt und lassen die Ursache abklären.

❍ **Mittelohrentzündung**
Die häufigste akute Krankheit, die vor allem die Nächte unruhig macht, ist die Mittelohrentzündung. Die Schmerzen

verschlimmern sich vor allem, sobald die Kinder liegen. Sie fangen an zu weinen. Nicht immer muß die beginnende Mittelohrentzündung mit Fieber einhergehen. Die Kinder ziehen und reiben sich am Ohr, und sie wälzen sich unruhig hin und her. **Nehmen Sie bei Verdacht auf eine Mittelohrentzündung immer ärztliche Hilfe in Anspruch.** Als Soforthilfe in der Nacht eignen sich Zwiebel-Wickel, die sowohl eine heilende Wirkung haben als auch die Schmerzen lindern.

Soforthilfe Zwiebel-Wickel

Schneiden Sie eine halbe Zwiebel in kleine Stücke und füllen Sie sie in ein Baumwollsäckchen (zum Beispiel eine dünne Socke). Wärmen Sie das Paket kurz, etwa auf der Heizung oder einer Herdplatte, an und legen Sie es dem Kind auf das schmerzende Ohr. Im Zweifelsfall beidseitig. Darüber kommt eine Lage aus Wollwatte, normale Baumwollwatte tut es zur Not auch. Dann fixieren Sie das Ganze mit einem Schal oder einer Mütze. Ideal eignen sich Stirnbänder. Mindestens eine Stunde sollte der Wickel auf der betroffenen Stelle bleiben. Sie können ihn aber, wenn Ihr Kind nicht hautempfindlich reagiert, ohne Bedenken die ganze Nacht wirken lassen.

Tip

Gegen Zahnen hilft oft eine Veilchenwurzel aus der Apotheke, auf der Sie Ihr Baby kauen lassen. Schon allein durch die Beißtätigkeit läßt der Schmerz nach, und die Zähnchen brechen leichter durch. Zudem wird das schmerzende Zahnfleisch beruhigt. Sollte das Kind die Veilchenwurzel nicht mögen, kann auch ein Beißring oder homöopathische Globuli (beispielsweise „Osanit") Linderung verschaffen.

❍ **Zahn- und Wachstumsschmerzen**
Vorübergehende Schlafstörungen werden auch durch harmlose, aber dennoch schmerzhafte physiologische Ursachen ausgelöst, etwa durch das „Zahnen" oder auch durch Wachstumsschmerzen. Während eines Wachstumsschubes entwickeln sich Knochen und Muskeln manchmal unterschiedlich schnell, was hauptsächlich zu Schmerzen in den Beinen führen kann.

3

Wenn das Sandmännchen kommt –
Wie Kinder zur Ruhe finden

Warum Rituale so wichtig sind

Kinder können manchmal auf geradezu nervtötende Weise feste Gewohnheiten annehmen. Beim Zubettgehen wollen sie nur eine bestimmte Geschichte hören, und wehe der Vorleser läßt auch nur ein Wort aus. Sie können stundenlang immer wieder dasselbe Lied im CD-Player abspielen, bis es die Eltern die nächsten Tage als Ohrwurm verfolgt. Oder sie weigern sich strikt, ohne den Lieblingsschal aus dem Haus zu gehen.

Diese manchmal beunruhigenden Marotten unserer Kinder lassen keineswegs auf ein zwanghaftes Verhalten schließen. Kin-

der lieben vielmehr vertraute Abläufe im Alltag; sie orientieren sich noch nicht nach der Uhrzeit, sondern an bestimmten Tagesabläufen. Sind Vorgänge mit bestimmten Ritualen verbunden, gewinnen Kinder Geborgenheit und die Gewißheit: „Aha, ich weiß, was jetzt kommt!" Sie haben so die Gewißheit, daß hinter den vielen neuen und überraschenden Ereignissen des Alltags sich zuverlässig wiederholende Regelmäßigkeiten stehen.

Mit Liebe zum Detail

Die meisten Rituale drehen sich um das Schlafengehen oder um die Mahlzeiten. Das ist verständlich, denn bei beidem handelt es sich um existentielle „Lebensnahrung". Zelebriert eine Familie die Mahlzeiten regelrecht – deckt den Tisch, dekoriert ihn, beginnt das Essen mit einem Sprüchlein, bedankt sich am Schluß bei der „Köchin" für das gute Essen –, dann erfährt das Kind die Nahrungsaufnahme automatisch als etwas Wunderbares und Genußvolles. Natürlich nur, wenn dieses Ritual von Herzen kommt und der eigenen Genuß-Freude der Eltern entspricht. **Grundsätzlich ist bei Ritualen alles erlaubt, was Ihnen Spaß macht und sich in Ihrer Familie bewährt hat. Wichtig ist nur, daß sie immer ähnlich ablaufen – sonst wären es ja keine Rituale.**

Rituale aus Überzeugung

Ein Ritual darf niemals „abgefeiert" oder „runtergebetet" werden, denn dann funktioniert es nicht. Kinder merken so etwas und machen nicht mit. Halten Sie sich deshalb nie an Ritualvorschläge, die Ihnen nicht liegen. Es gibt auch nicht nur Entweder-Oder. Alles Mögliche läßt sich kombinieren. So entsteht Ihr ganz persönliches Ritual. Tun Sie nichts, von dem Sie nicht überzeugt sind und woran Sie selbst keinen Spaß haben. Kinder schätzen Aufrichtigkeit mehr als scheinheilige Fröhlichkeit, die sie nur verunsichert.

Einschlafrituale

Ein Einschlafritual hat für Kinder viele Funktionen:

○ **Zeitliche Orientierung:** Das Kind weiß durch eine klare Abfolge, wann Schlafenszeit ist.

○ **Ruhe:** Das Kind kann sich in einem ruhigen Ritual entspannen, „herunterkommen", müde werden und sich fallenlassen.

○ **Zuwendung, Zärtlichkeit und Nähe:** Das Kind kann noch einmal richtig Nähe tanken, sich wohl und geborgen fühlen. Mit solch einem emotionalen „Vorrat" und dem Gefühl „Meine Eltern sind für mich da" kommt ein Kind sicher durch die Nacht.

○ **Frieden:** Rituale helfen Kindern wie Eltern, einen turbulenten Tag in Frieden zu beschließen. Streß und Streit sind kein gutes Nachtlager.

○ **Spaß:** Einschlafrituale machen Spaß, gute Laune und lassen Machtkämpfe

gar nicht erst aufkommen. Denn oft bedeutet ein Machtkampf: „Ich habe noch nicht genug Zuwendung und Aufmerksamkeit von dir bekommen, ich brauche sie aber. Zur Not nehme ich die negative Zuwendung. Besser, du brüllst mich an, als du bemerkst mich gar nicht."

Einschlafrituale helfen nicht nur den Kindern, sondern auch ihren Eltern. Denn sie sind nur Menschen und in der Regel abends müde. Vielleicht war es auch ein streßiger Tag, der letzte Nervenrest ist aufgebraucht, und Sie wollen nur noch Ihre Ruhe. In diesem Fall können Kinder Rücksicht nehmen, wenn auch in eingeschränktem Maße. Dazu aber muß man sie bitten und ihnen die Gründe vernünftig erklären: „Ich bin heute selbst so müde, ich muß schnell ins Bett." Ein gut eingespieltes Abendritual läuft dann wie von allein und gibt Ihnen selbst wieder Kraft und Zeit. Eine Auszeit! **Nehmen Sie sich täglich 30 bis 45 Minuten Zeit für das Einschlafritual und genießen Sie, nur für Ihre Kinder und sich selbst dazusein.**

Rituale verändern sich

Einmal Ritual, immer Ritual? Nein. Noch mehr als sich beispielsweise Regeln im Laufe der Zeit verändern, werden auch Rituale angepaßt – dem Alter des Kindes, der Tagessituation und Verfassung, den Vorlieben und Wünschen des Kindes oder den Fähigkeiten der Erwachsenen. Die Inhalte der Rituale werden sich verändern, die Grundstrukturen aber bleiben gleich.

Der große Pirat und der kleine Pirat

Bei der folgenden Geschichte handelt es sich um eine Gute-Nacht-Geschichte, die sich hervorragend in das Abendritual einbauen läßt. Nach dem Vorlesen können Sie Ihr Kind fragen, warum der kleine Pirat trotz all der Geschichten, der Piratentänze und -Grimassen zunächst nicht einschlafen kann, während der große Pirat vor Müdigkeit einfach umkippt. Die Erlebnisse der Piraten eignen sich, um über Einschlafprobleme der Kinder ins Gespräch zu kommen. Überlegen Sie auch gemeinsam mit Ihrem Kind, was Sie tagsüber alles erlebt haben. Lassen Sie den Tag Revue passieren – kein Wunder, daß Sie beide jetzt müde sind ...

Die Geschichte vom Kopfstand

Der große Pirat und der kleine Pirat fahren mit ihrem Segelschiff über das Meer. Manchmal machen sie Beute – manchmal auch keine.

Am Abend bringt der große Pirat den kleinen Piraten zu seiner Hängematte. Doch heute kann der kleine Pirat überhaupt nicht einschlafen.

„Großer Pirat, ich kann kein Auge zumachen ...!" sagt der kleine Pirat und setzt sich aufrecht in seine Hängematte.

„Du mußt doch ganz fürchterlich müde sein", wundert sich der große Pirat, „von der frischen Luft und dem salzigen Meer und dem ganzen anstrengenden Segelsetzen."

„Ich bin schon auch müde", antwortet der kleine Pirat, „aber ich kann eben noch kein Auge zumachen!"

Da merkt der große Pirat schon, daß er sich heute wieder etwas ganz Besonderes zum Einschlafen überlegen muß.

Er holt aus der Piratenkleiderkammerkiste zwei schwarze Piratenaugenklappen und setzt sie dem kleinen Piraten auf.

„So. Jetzt ist es ganz dunkel. Jetzt kannst du ganz bestimmt einschlafen. Gute Nacht!"

Mit den beiden Klappen auf den Augen sieht der kleine Pirat aus, als hätte er gewaltige Sonnenbrillen auf. „Großer Pirat", ruft er, „jetzt seh' ich zwar nichts mehr – aber ich kann immer noch nicht schlafen."

Der große Pirat hat schon gemerkt, daß er sich heute mit dem Zur-Hängematte-Bringen noch mehr Mühe geben muß als sonst. Er nimmt dem kleinen Piraten die Augenklappen wieder ab und setzt sich auf das Faß, das neben der Hängematte steht.

„Erzähl mir einfach noch Geschichten, dann schlaf ich gleich ein ...", bittet der kleine Pirat und setzt seinen Piratenteddybären neben sich.

Also erzählt der große Pirat Geschichten: von Meeresungeheuern und Meerjungfrauen, von wilden Seeschlachten und Stürmen, von seltenen Fischen und wunderlichen Inseln. Das ist so spannend, daß der kleine Pirat ganz aufgeregt wird. Und als ihm der große Pirat „Gute Nacht" sagen will, kann der kleine Pirat immer noch nicht einschlafen.

„Tanz mir einfach noch ein paar Piraten-Tänze vor ...", schlägt er dem großen Piraten vor.

Da muß der große Pirat schwer seufzen, fängt aber dann doch an, dem kleinen Piraten einige Tänze zu zeigen.

Das poltert so sehr auf dem Unterdeckboden, daß an Schlafen nicht zu denken ist.

Schließlich hüpft der kleine Pirat sogar aus seiner Hängematte und tanzt mit dem großen Piraten zusammen. Als sie endlich alle Tänze zu Ende getanzt haben, sagt der große Pirat dem kleinen Piraten „Gute Nacht".

Aber es ist wirklich wie verhext, der kleine Pirat kann immer noch nicht einschlafen. Jetzt sitzt er ganz vergnüglich in seinem Bett und kichert.

„Nur noch ein paar schreckliche Piraten-Grimassen ziehen ...", fleht er.

Da zieht der große Pirat auch noch ein paar schreckliche Piraten-Grimassen, und die beiden Augenklappen nimmt er dabei zur Hilfe. Das sieht wirklich scheußlich aus, und der kleine Pirat quietscht vor Aufregung. Als dem großen Piraten keine anderen Gesichter mehr einfallen, wünscht er dem kleinen Piraten „Gute Nacht" und wankt zur Kajütentür hinaus.

Er hat sie aber noch nicht ganz verlassen, da ruft ihn der kleine Pirat noch einmal herein.

Er könne noch nicht einschlafen, sagt er, aber wenn ihm der große Pirat jetzt noch einen Kopfstand zeigen könne, dann wäre es bestimmt ganz leicht.

Der große Pirat ist schrecklich müde, aber trotzdem dreht er noch einmal um und macht auch noch einen Kopfstand. Der kleine Pirat klatscht Beifall, aber da gibt es einen lauten Rumms, und der große Pirat ist umgefallen. Jetzt liegt er da und schnarcht. Er ist beim Kopfstandmachen eingeschlafen. Also, sowas ...

„Naja", denkt sich der kleine Pirat, „dann schlaf ich eben auch ..."

Und gleich darauf hört man ein lautes und ein leises Schnarchen auf dem Schiff.

Das kommt vom großen und vom kleinen Piraten. Die schlafen jetzt selig.

Dampf ablassen – Zur Ruhe kommen

Bewegung gegen Streß

Sich vom Tag zu verabschieden, heißt auch, Hektik und aufregende Erlebnisse abzuschütteln. Abendrituale haben oft verschiedene „Stufen". Warum nicht zuerst noch richtig toben, fünf Minuten auf dem Sofa hüpfen und mit Papa oder Mama nach Feierabend ausgelassen balgen und raufen? Dabei lassen die Kinder „Dampf ab" und bauen Streß und Aggressionen durch körperliche Tätigkeiten sinnvoll körperlich ab. Denn Streß bedeutet nichts anderes, als unseren Körper für eine Flucht oder Verteidigung startklar zu machen. Folglich können wir Streß und Aufregung nur durch körperliche Tätigkeiten abbauen.

In der ersten Stufe des Abendrituals ist Bewegung deshalb immer empfehlenswert, und Ihrer Phantasie – und vor allem der Ihrer Kinder – sind keine Grenzen gesetzt. Wenn Sie selbst gerne spazierengehen, ist also auch ein gemeinsamer Abendbummel denkbar. Und Ihr Kind sieht einen echten Sinn im Spazierengehen um des Spazierengehens willen. Vielleicht fahren Sie und Ihr Kind mit dem Fahrrad zum Bäcker um die Ecke und holen frisches Brot fürs Abendessen.

Zurück „auf den Teppich"

Im Anschluß an die Bewegungsphase werden Kinder durch ein warmes Bad und das sanfte Eincremen danach wieder ruhig. Das gilt sehr wohl auch noch für größere Kinder. Zwar nehmen Zärtlichkeiten gegenüber Kindern ab dem dritten Lebensjahr erfahrungsgemäß rapide ab – das muß aber nicht sein!

Sind Kinder zu sehr aufgedreht, dann geben Sie ihnen die Chance sich zu beruhigen. Gönnen Sie ihnen eine Ruhepause, in der sie sich mit sich selbst beschäftigen können. Kinder entwickeln schnell Taktiken zur Beruhigung.

Starten Sie den ruhigen Teil des gemeinsamen Abendrituals immer erst, wenn beide wieder „unten sind" und beide es wollen – nach dem Motto: „Jetzt machen wir's uns schön!" Schließlich ist ein Ritual allein noch keine Erfolgsgarantie. Rituale, die „lieblos" durchgezogen werden, haben garantiert keinen Erfolg. Die kann man sich sparen.

Schließen Sie deshalb immer zuerst Frieden, wenn Ihnen oder Ihren Kindern etwas nicht paßt, und starten Sie danach in einen schönen Tagesausklang. Größere Kinder haben Verständnis dafür, wenn Sie mal schlecht drauf sind. Ihnen können Sie schon sagen: „Du, ich kann heut' nicht so lange, ich bin fix und fertig und brauche dringend meine Ruhe. Morgen bin ich bestimmt wieder fit und bringe dich mit einer langen Geschichte ins Bett."

Sind beide soweit „auf dem Teppich", und haben vor allen Dingen Sie genügend Energie und Muße, dann können Sie Ihr Kind noch mehr dabei unterstützen, zur Ruhe zu kommen: beispielsweise mit Gedichten, Schlafliedern oder Fingerspielen, die Sie täglich in das Abendritual einbauen.

Traumvögelchen: ein Fingerspiel

Die Hände von Mutter und Vater sind das „Traumvögelchen". Die Hand flattert durch die Luft, bis sie schließlich sachte über den Augen des Kindes zur Ruhe kommt, und das Kind die Augen schließt.

Traumvögelchen,
Traumvögelchen,
Breit' deine Flaumfederchen
über meine Lider.

Traumvögelchen,
Traumvögelchen,
Spreit' deine Traumflügelchen
Heute abend wieder.

Habe Acht, halte Wacht
Bis morgen früh um acht.

Traumvögelchen,
Traumvögelchen,
Setz' dich zu mir nieder.

Der Siebenschläfer: ein Fingerspiel

Bei diesem Fingerspiel werden die einzelnen Verse einfach gemeinsam mit dem Kind abgezählt.

Der Siebenschläfer,
der schläft sieben Mal ein:

Einmal bei Freunden
Und einmal allein,
Einmal beim Klettern
Und einmal beim Wühlen,
Einmal beim Essen
Und einmal beim Spielen.

Und schließlich auch in seinem Nest.
Das siebte Mal – endlich – schläft er
dann fest.

Wie schläft die Feder?

Wie schläft die Feder?

Leicht, wie ein Flaum ...
Wie schläft der Käfer?
Fest, auf dem Baum ...

Wie schläft die Blume?
Blühend und hold ...
Wie schläft die Katze?
Schön eingerollt ...

Wie schläft das Feuer?
Es glüht so dahin ...
Wie schläft das Kindlein?
Im Bettchen drin ...

Und wie schlafen Wolke
Und Welle und Stein?
Bis morgen geborgen,
So schlafen sie ein ...

Mach eine Reise

Mach eine Reise!
Und dazu
Brauchst du
Mantel nicht und Schuh.

Brauchst du Koffer nicht
Und Tasche,
Kein Brot nicht,
Keine Reiseflasche.

Kein Fahrzeug
Und keinen Chauffeur,
Um zu Reisen
Brauchst du, hör:

Einfach nur
Ein bißchen Ruh,
Und dann mach'
Die Augen zu ...

40

Wiegenlied

Singet leise, leise, leise,
singt ein flüsternd Wiegenlied,
von dem Monde lernt die Weise,
der so still am Himmel zieht.

Singt ein Lied so süß gelinde,
wie die Quellen auf den Kieseln,
wie die Bienen um die Linde
summen, murmeln, flüstern, rieseln.

Clemens Brentano

Schlummerliedchen

Schlaf, Kindlein, schlaf!
Es war einmal ein Schaf.

Das Schaf, das ward geschoren,
da hat das Schaf gefroren.

Da zog ein guter Mann
ihm seinen Mantel an.

Jetzt braucht's nicht mehr zu frieren,
kann froh herumspazieren.

Schlaf, Kindlein, schlaf!
Es war einmal ein Schaf.

Christian Morgenstern

Wer hat die schönsten Schäfchen?

Wer hat die schönsten Schäfchen?
Die hat der goldne Mond,
der hinter unsern Bäumen
am Himmel droben wohnt.

Dort weidet er die Schäfchen
auf seiner blauen Flur,
denn all die weißen Sterne
sind seine Schäfchen nur.

Und soll ich dir eins bringen,
so darfst du niemals schrein,
mußt freundlich wie die Schäfchen
und wie der Schäfer sein.

Hoffmann von Fallersleben

Unterwegs mit der Sternenfee: eine Traumreise

Traumreisen eignen sich hervorragend als Gute-Nacht-Geschichte und helfen Ihrem Kind, ruhig und entspannt zu werden.

Machen Sie es sich zusammen mit Ihrem Kind mit einem Kissen auf dem dicken Wohnzimmer-Teppich oder im großen Ehebett ganz bequem, bevor Sie anfangen zu erzählen. Sprechen Sie dabei langsam und ruhig, machen Sie Pausen, um Gelegenheit zum Phantasieren zu geben.

Auch Sie können von einer Traumreise profitieren. Machen Sie mit, und lassen Sie sich selbst fallen. Ihr Kind wird Ihnen folgen, wenn auch auf einer eigenständigen „Flugbahn". Es wird zwar andere Bilder sehen als Sie, eine kleine Ahnung davon können aber auch wir Erwachsene uns erschließen.

Wir sind ganz müde, so, als ob der Sandmann all seine Sandsäcke mit Sternenstaub an unsere Arme und Beine gebunden hätte ... mit dicken Schleifen aus dunkelblauem, kuschelweichem Samt. Spürst du, wie deine Arme und Beine langsam schwer werden? Wir schauen in den Abendhimmel, und dort leuchtet gelb und strahlend hell der Mond ... Nicht weit davon glitzert ein kleines Abendsternchen. Langsam kommt es Stückchen für Stückchen auf uns zu ... Sein Glitzern und Funkeln wird stärker ... Es wird immer größer ... Es ist schon ganz nah ... Und jetzt sieht man ... Es ist eine kleine Sternenfee mit einem funkensprühenden Reif in den schillernden Haaren. Sie ist so groß wie deine Hand und sagt zu dir: „Komm kleine/r *(hier den Namen Ihres Kindes nennen)*, wir reisen zum Mond. Dort bekommst auch du so einen funkelnden Sternenreif und bist für eine Nacht ein Stern am dunklen Himmel. Du kannst allen Kindern leuchten. Komm einfach mit!" Und schon sprühen glitzernde Funken aus dem Zauberstab der Fee. Sie ziehen eine geschwungene Bahn durch den Himmel, und eine weiche Wolke senkt sich zu dir herab. „Steig auf", sagt die kleine Fee. Es ist weich und kuschelig warm ... Spürst du, wie warm die Wolke dich umhüllt?... so warm wie ein Fellmantel ... und sie hält dich so sicher und fest, daß du mit ihr bis zum Mond fliegen kannst. Langsam erhebt sich die Wolke. Die Fee fliegt ein kleines Stück über dir und zeigt dir mit dem Sternenlicht den Weg durch den schwarzen Himmel. Unten siehst du die Häuser. Durch die erleuchteten Fenster erkennst du Kinder, die schlafen ... Omas, die stricken ... Hunde, die sich an die Heizung kuscheln ... und Kinder, die noch nicht schlafen. Sie stehen am Fenster und schauen zu dir hoch. Sie werden kleiner und kleiner ... und der Mond wird größer und größer. Hell und warm scheint er. Aus der Nähe funkelt er in allen Farben. Ganz weich landest du im glitzernden Sternenstaub, sinkst ein und spürst deine Arme ... deine Beine ... deinen Rücken ... deinen Bauch. Jedes Fleckchen deiner Haut spürt den feinen Sternenstaub, der dich streichelt.

Auf dem Mond geht ein warmer Wind. Er fährt in deine Haare und macht dir warme Ohren. „Komm", sagt die kleine Fee, „wir müssen zurück, die Kinder warten." Ihr füllt den Sternenstaub in die Säcke, die der Sandmann hier gelassen hat ... Du läßt den Sternenstaub durch deine Finger rieseln ... Herrlich, wie das funkelt. Die Wolke senkt sich nieder und hebt dich und die Säcke sanft in die Luft ... Sie ist warm ... wie ein dicker Wollknäuel. Langsam schwebt ihr zur Erde zurück ... an vielen anderen Sternenfeen vorbei, die in der Nacht den Kindern leuchten und auf sie aufpassen ... die am Himmel lachen ... die kichern und ihre Lieder singen. Die Säcke mit dem Sternenstaub leuchten mit einer unglaublichen Kraft ... Es ist hell, blendet dich aber nicht. Alles um dich herum leuchtet ... auch du. Du strahlst wie der Mond selbst. Ihr fliegt schon so tief, daß du die Häuser sehen kannst ... die schlafenden Kinder ... die Omas, die stricken ... und die Hunde, die sich an die Heizung kuscheln. Und du siehst auch die Kinder, die nicht schlafen können und am Fenster stehen ... Dann schüttest du den Sternenstaub über ihnen aus ... Er fliegt leise klirrend zur Erde. Die Sternenfeen schütteln ihre kristallenen Glöckchen ... Er berührt die Kinder ... und sie lächeln. Danke, jetzt können wir schlafen gehen.

Ganz behutsam fliegt die Wolke durchs offene Fenster auch in dein Zimmer. Weich und warm ist es in deinem Bett, in das dich die Wolke ganz sanft absetzt. Auf deinen Wangen ist zarter Sternenstaub ... auf deinen Haaren ... deinen Händen ... deinen Füßen. Er hüllt dich ein. Die kleine funkelnde Sternenfee deckt dich zu und singt ihr glockenklares Lied. Jetzt können alle Kinder schlafen.

Von Zahnputzrittern und Klo-Wettrennen – Rituale vor dem Schlafengehen

Der Kampf ums Zähneputzen

Vielleicht werden Sie an dieser Stelle schon leise mit den Zähnen knirschen. Tolle Ratschläge, werden Sie sich denken, ich soll mich beim Abendritual entspannen, bei diesem allabendlichen Zirkus zwischen Zahnputzschlachten und Schlafanzug-Dramen. Stimmt! Wenn alle müde sind, kracht es am ehesten – am häufigsten im Bad beim steten Kampf ums Zähneputzen. An Ausreden sind Kinder nie verlegen: „Ach, hätte ich doch auch so Zähne wie die Oma, dann könnte ich sie immer raus- und reintun, wann ich will. Glitzerzähne aus Gold finde ich prima." Spätestens nach der ersten Wurzelbehandlung wird sich das wohl legen – nur können Eltern nicht bis zu dieser logischen Konsequenz warten. Damit es nicht so weit kommt, ist eine regelmäßige Zahnpflege unverzichtbar. Wird diese zum Kampf, leiden alle darunter: Kinder, Eltern und die Zähne.

Angriff auf die Zahnbakterien – Zahnputzgeschichten und -spiele

Wenn Kinder etwas auf Befehl machen sollen, haben wir im Ernstfall keine Chance bei ihnen. Sie müssen es aus eigenem Antrieb tun, und deshalb müssen sie verstehen, was sie da tun und warum. Dazu brauchen sie ihre eigenen Bilder. **Kinder lernen am besten aus anschaulichen Geschichten, daß ihre Zähne etwas sehr Wertvolles sind und gepflegt werden müssen. Aus eigener Erfahrung können sie es noch nicht wissen.** Wenn Kinder das Zähneputzen unter Zwang lernen, rächt sich das meist fürchterlich in der Pubertät. Plötzlich verweigern die Jugendlichen die Zahnpflege völlig. Sie schaden damit aber nicht ihren Eltern, sondern müssen selber im Zahnarzt-Stuhl Platz nehmen.

Kindern das Zähneputzen nahezubringen, funktioniert am besten durch Spiele. So können Sie mit Ihrem Kind etwa auf Zehenspitzen ins Bad schleichen, damit die gemeinen Bakterien nicht hören, wie sie überlistet werden. Und dann? Attacke!!! Hinterlistig und gemein werden sie alle mit Schaum und Schwert verjagt.

Hier gilt übrigens das gleiche wie bei vorübergehenden Einschlafproblemen: Als Eltern kommen wir möglicherweise in Versuchung, dauernd mit einer Zahnbürste über dem Kopf kreisend durch die Wohnung zu hüpfen ... Dieses Ritual geht den Kindern aber so in Fleisch und

Blut über, daß irgendwann nur noch das Kommando „Zähneputzen" reicht, und das Ritual läuft selbständig ab. Nach dem Bildprinzip können Sie sich Hunderte von Geschichtchen ausdenken – für jede notwendige „Pflicht" eine. Helfen Sie Ihrem Kind, Bilder zu finden, die es verstehen kann und die ihm bestimmte Vorgänge übersetzen.

Mit der „Spaß-Therapie" aufs stille Örtchen

Nicht ganz so folgenreich, aber dennoch wichtig ist ein anderer fester „Termin" eines jeden Abend-Rituals: die Toilette. Auch wenn das Kind gerade nicht ganz dringend muß, ist es ratsam, doch noch zu gehen. Das hilft, die Nacht ohne kleine nasse Unfälle zu überstehen. Logisch, dies leuchtet einem Kind zunächst nicht ein. Warum soll es aufs Klo gehen, wenn es nicht dringend muß? Machen Sie es sich und ihm mit der „Spaß-Therapie" leicht. Da Kinder meistens ehrgeizig sind und im Kindergarten häufig Wettrennen veranstaltet werden, hilft oft schon ein „Klowettrennen". Wer ist als erster dort, wer hat als erster die Hose unten, wer sitzt als erster? „Ach Mensch, du hast schon wieder gewonnen – toll." Klar, daß dieser Ritual-Bestandteil keine feste Regel sein kann: Wer nicht muß, muß nicht. Dennoch sollten Sie es probieren. Erfahrungsgemäß schätzen Kinder ihre

Blasenfülle manchmal falsch ein, oder sie sind einfach noch durch etwas anderes abgelenkt.

Hände und Gesicht waschen, oder: Kneif-Drachen sollen woanders zu Abend essen!

Warum soll sich ein Kind die Hände waschen? Weil dort Bakterien sind, die krank machen. Das ist einem Kind anfänglich immer zu abstrakt. Was aber, wenn die Bakterien plötzlich klitzekleine, giftgrüne Drachen sind, die, wenn sie tatsächlich in den Bauch des Kindes gelangen, in den Magen zwicken? Nichts anderes machen Keime und Bakterien kindgerecht übersetzt, und Ihrem Kind ist klar: Diese „Dinger" müssen weg. Wasser mögen Kneif-Drachen gar nicht, da geht ihr Feuer aus, und Seife erst ... buahhhhhh! So schnell hat man noch keinen Drachen rennen sehen. Und schon sind sie verschwunden, durch die kleinen Löcher im Abfluß. Die Kneif-Drachen machen sich dann lieber ein schönes Leben auf irgendeiner Insel und zwicken einem Hai in den Bauch, wenn der sich nicht die Flossen wäscht.

Fast ein Patentrezept – Schlaflieder

Eigentlich sollten Schlaflieder bei jedem Abendritual Pflicht sein. Aber wohlgemerkt: Pflichten gibt es keine. Vielleicht denken Sie ja, Ihre fiepsige oder brummende Stimme könnten Sie Ihrem Kind und den Nachbarn nicht antun. Die Nachbarn sollten Ihnen in diesem Moment schnurzegal sein. Und Ihr Kind findet mit hundertprozentiger Sicherheit, daß Sie die schönste Stimme auf der ganzen Welt haben. Vielleicht kommen wir uns beim Singen auch so komisch vor, weil wir es kaum noch tun. Warum? Gelegenheiten hätten wir genug, aber wir haben keinen Grund mehr dazu. Wir lassen uns in der Regel den ganzen Tag vom Radio bedudeln. Wollen wir Musik, reicht ein Knopfdruck. Wenn es hoch kommt, singen wir mal mit, haben aber gegen 150 Watt kaum eine Chance.

Kinder lieben Schlaflieder

„Schlaf, Kindlein, Schlaf", „Der Mond ist aufgegangen" und andere Klassiker kommen einem am Anfang manchmal banal vor. Eventuell fragen Sie sich auch: „Ist mir mein Kind so wenig wert, daß mir nichts Besseres einfällt?" Es ist das Beste, was Ihnen einfallen kann! Kinder lieben diese Schlaflieder, und Eltern müssen sich keinen neuen komplizierten Text merken und können aus vollem Herzen losschmettern. Entscheidend ist nicht einmal der Text, sondern daß Sie überhaupt singen. Bei kleinen Babys reicht sogar ein Summen oder die Wiederholung einer einzelnen Textzeile.

Ihre Stimme, Ihr Klang, Ihre Anwesenheit, Ihre „Produktivität" sind für Ihr Kind von unschätzbarem Wert und können von keinem Kassettenrekorder und keiner Spieluhr der Welt ersetzt werden. Alles Mechanische und nicht Authentische kann immer nur „Beschäftigungstherapie" für Ihr Kind sein, weil es die Quellen, aus denen der Klang kommt, nicht begreifen kann. Der Klang bleibt „leer" und „gefühllos". Das soll aber nicht heißen: Weg mit Kassetten und Spieluhren aus den Kinderzimmern. Wir sollten aber den wertvolleren Teil – uns selbst – dahinter nicht vergessen.

Singen kann man nicht nur nachts. Singen Sie einfach drauf los. Das macht alleine, für oder noch besser mit Kindern, einen riesigen Spaß. Vielleicht müssen Sie aber erst wieder lernen, Ihren Gefühlen mit allen Sinnen Ausdruck zu verleihen: mit Singen und Tanzen. Lachen und Weinen gehören genauso dazu. Und wenn Sie sämtliche Kinderlieder vergessen haben sollten und über die erste Textzeile nicht mehr hinaus kommen: Es gibt viele gute Kinderlieder-Bücher, die in keinem Haushalt fehlen sollten.

Hausmusik für die ganze Familie

Dasselbe gilt für das Musizieren. Erleben Sie einmal selbst, wie faszinierend Hausmusik auf kleine und große Kinder wirkt. Aber nicht die verkrampfte, zwanghafte Hausmusik nach dem Motto: „Heute ist Donnerstag, da wird musiziert. Eins, zwei, drei, und los …"

Viele haben noch ein Instrument im Keller oder auf dem Speicher stehen: eine alte Wandergitarre, eine Mundharmonika … Es kann auch eine Blockflöte sein, der Sie alleine oder gemeinsam mit Ihrem Kind Töne entlocken. Alte Kenntnisse wieder aufzufrischen macht einfach Spaß. Wollen Sie Ihr Kind musisch fördern, erreichen Sie das nur dadurch, daß Sie Ihre eigene musikalische Seite wieder entdecken. Und die macht Freude – Sie werden sehen.

Schlaf, Kindlein, schlaf

Schlaf, Kindlein, schlaf!
Der Vater hüt't die Schaf'.
Die Mutter schüttelt's Bäumelein,
da fällt herab ein Träumelein.
Schlaf, Kindlein, schlaf!

Guten Abend, gut' Nacht

Guten Abend, gut' Nacht,
mit Rosen bedacht,
mit Näglein besteckt,
schlupf unter die Deck'.
Morgen früh, wenn Gott will,
wirst du wieder geweckt.
Morgen früh, wenn Gott will,
wirst du wieder geweckt.

Der Mond ist aufgegangen

Der Mond ist aufgegangen,
die gold'nen Sternlein prangen
am Himmel hell und klar.
Der Wald steht still und schweiget,
und aus den Wiesen steiget
der weiße Nebel wunderbar.

Wie ist die Welt so stille
und in der Dämmrung Hülle
so traulich und so hold;
gleich einer stillen Kammer,
wo ihr des Tages Jammer
verschlafen und vergessen sollt.

Seht ihr den Mond dort stehen?
Er ist nur halb zu sehen
und ist doch rund und schön.
So sind wohl manche Sachen,
die wir getrost belachen,
weil uns're Augen sie nicht sehn.

Fernsehen beim Abendritual – „Zeitkrankheit" oder sinnvolles Medium?

Die Macht der bunten Bilder

Beim Thema Fernsehen haben viele Eltern schnell ein Urteil zur Hand. Die Glotze wird leichthin verdammt, schließlich sind die Kinder kaum mehr davon wegzukriegen. Je mehr wir ihnen allerdings das Fernsehen verbieten wollen, um so wichtiger wird ihnen der Flimmerkasten – und wir haben ein schlechtes Gewissen. „Glotzen" unsere Kinder täglich mehr als eine halbe Stunde – echte Ausnahmen einmal ausgenommen –, haben wir dieses schlechte Gewissen zu Recht. Gefragt sind hier allerdings vorrangig die Programm-Macher. Denn was uns als Kinder-Programm tagtäglich präsentiert wird, ist in der Regel aussagelos, gewalttätig und actiongeladen. Reißerische Showelemente, gigantische Showdowns in jedem Disney-Film ziehen Kinder zwar magisch in ihren Bann – aber sie tun ihnen nichts Gutes. Wer einmal die feuerroten Backen seines Kindes während eines Films beobachtet, diese regungslose, kräftezehrende Hypnose, weiß, warum er ein schlechtes Gewissen hat! **Besser als ein schlechtes Gewissen ist aber in jedem Fall, daß Kinder und ihre Eltern den sinnvollen Umgang mit dem Medium Fernsehen lernen.**

TV-Kompromisse

Sinnvoller Umgang mit dem Medium Fernsehen heißt im einzelnen: Es gibt klare Fernsehregeln in der Familie, beispielsweise eine halbe Stunde täglich. Zur Not und wenn es allen hilft, können Sie die Fernsehstunde auch ins Abendritual einbauen. Vorausgesetzt, Sie setzen das Kind nicht alleine vor den Fernseher, sondern schauen mit ihm gemeinsam. Kriechen Sie zusammen unter eine Decke, kuscheln Sie oder massieren Sie die Füße des Kindes. Das kann für alle sehr entspannend sein – auch wenn es vom Idealfall eines beruhigenden Einschlafrituals in der Regel abweicht. Die Sendungen, die offiziell im Fernsehen geboten werden, sind fast alle zu gewalttätig und überfordern Kinder. **Im Gegensatz zu Märchenbüchern, die vielleicht noch viel „grausiger" sind, hat das Fernsehen eine eigene Darstellungstechnik, die Kinder oft überfordert. Dieses Medium läßt ihnen keine Zeit, Bilder und Ereignisse in Ruhe wirken zu lassen. Kinder können sich den Fernsehbildern auch nicht entziehen und das Geschehen, das Vorstellen selbst steuern.**

Fernsehen – Für Kinder gemacht

Bei Kindersendungen gibt es eine löbliche Ausnahme: das Sandmännchen. Diese Sendung können Sie ziemlich bedenkenlos in Ihr Abendritual einbeziehen. Kinder verkraften die Geschichten in der Regel gut. Darüber hinaus ersparen Sie sich eventuelle Fernsehdiskussionen mit Ihrem Kind, das unbedingt fernsehen will. Verständlich, schließlich gucken die Großen ja auch. Außerdem können Sie so den festen Zeitpunkt des Abendrituals fixieren. Auf weitere Diskussionen sollten Sie sich dann aber gleich einstellen, denn die Kollegen des Kinderkanals haben es sich bei den Großen abgeschaut: Schalten Sie nur ein bißchen zu früh ein, wird Ihr Kind sofort in Werbetrailern auf eine andere Sendung verwiesen, und es heißt sofort: „Das will ich aber auch sehen." Bleiben Sie resolut, aber kommen Sie Ihrem Kind gelegentlich auch entgegen. Und nehmen Sie es Ihrem Kind nie übel, weil es so gerne fernsieht. Es kann sich nicht gegen die Macht der bunten Bilder wehren! So können Diskussionen zum Beispiel mit einem „Glotztag" aus dem Weg geräumt werden. Außer dem täglichen Sandmännchen darf sich das Kind an einem Tag der Woche dann einen altersgerechten Film wie „Peterchens Mondfahrt" aus dem Video-Archiv aussuchen. Kompromisse schmecken einem nicht immer, man muß sie aber machen, wenn Kinder mit dem Medium Fernsehen zurechtkommen sollen. Für viele Kinder ist eine Einbindung des Fernsehens ins Abendritual ausgeschlossen: Sie reagieren hyperaktiv auf das passive Schauen und drehen danach erst einmal richtig auf. Fernseh-Kompromisse legen Sie bei solchen Kindern immer auf den frühen Vormittag und gehen danach raus zum Toben.

Wenn Sie es geschafft haben, Ihr Kind bisher ohne Fernseher groß zu kriegen, dann gebührt Ihnen ein echtes Kompliment. Denn dies ist eine Seltenheit. Zwar gibt es viele Eltern, deren Kinder zwar nie „glotzen" dürfen, die aber heimlich, sobald Ruhe eingekehrt ist, die Kiste selbst anstellen. Und ich garantiere Ihnen, alle Kinder tun das. Oder sie gucken bei der Oma oder bei Freunden ... Wenn schon fernsehen, dann lieber ehrlich, offen und wohl dosiert.

Fernsehregeln spielerisch erlernen

Kinder lernen (Fernseh-)Regeln leichter, wenn sie mit kleinen Geschichten, mit Bildern und magischen Vorgängen verbunden sind. Das Kind muß auf diese Art nicht grundsätzlich gegen die Macht der Eltern revoltieren, denn genau das macht Fernseh-Diskussionen so schwierig: Es gibt selten eine logische Konsequenz, wenn ein Kind zuviel fernsieht. Deshalb sind Kinder auch so schwer davon zu überzeugen, daß es ihnen eher schadet. Sie können nicht einfach sagen: „Davon kriegst Du ‚viereckige' Augen." Das Kind merkt, daß dies nicht stimmt, und zwar sehr schnell.

Das Schlafzwergle

Das Schlafzwergle mit seinem roten Mäntelchen flitzt mit seiner fliegenden Pony-Kutsche über den Himmel und wacht darüber, wann Fernsehzeit ist und wann nicht. „Schläft" der Fernseher, ist er mit einem goldenen, magischen Tuch verhüllt. Erst wenn das Schlafzwergle zu Besuch kommt und eine „Aufweckkarte" mit einem kleinen Gedicht auf dem Fernseher liegenläßt, darf der Fernseher mit diesem Gedicht aufgeweckt werden. Auch zum Sandmännchen muß die „Kiste" abends „feierlich" geweckt werden: „Hokuspokus Fidibus, für die Nacht 'nen dicken Kuß."

Eine Gute-Nacht-Geschichte? Na klar, aber welche?

Die Qual der Wahl? – Von wegen!

Zu einem guten Abendritual gehört für gewöhnlich eine schöne Zubettgeh-Geschichte – nur welche? Kinder-Bücher mit guten und schlechten Geschichten gibt es zuhauf, und die Auswahl fällt nicht leicht. Folgende Auswahlkriterien erleichtern die Suche:

○ **Richten Sie sich nach Ihrem eigenen Geschmack:** Das, was Sie am liebsten und mit viel Gefühl vorlesen, wird Ihr Kind auch am liebsten hören.

○ **Das Alter des Kindes ist entscheidend:** Bei der Auswahl von Zubettgeh-Geschichten sollten Sie vorrangig nach dem Alter oder besser der Entwicklungsstufe Ihres Kindes entscheiden. Säuglinge lieben Kinderreime, sie brauchen sie sogar. Der Rhythmus schult nicht nur Gehör und Sprachzentrum, selbst der gesamte Bewegungsapparat wird durch den eigenen Rhythmus der Spiel-Reime gefördert. Über die Stufe der Bilderbücher kommen die Kinder dann sehr schnell zu kleinen abgeschlossenen Geschichten. Erst Kindern ab vier bis fünf Jahren kann man auch längere Geschichten seitenweise vorlesen. Sie werden sehr schnell die Vorlieben Ihres Kindes herausfinden. Zusätzlich erleichtern empfohlene Altersangaben auf den Büchern die Auswahl.

○ **Geben Sie Ihrem Kind nicht immer nach:** Nicht alle Vorlieben, die Kindern heute schon mittels Werbung suggeriert werden, sind auch empfeh-lenswert. Empfinden Sie etwas als unsinnig, dann wird das auch nicht gekauft. Erklären Sie Ihrem Kind aber die Gründe. Bei größeren Kindern können Sie nicht mehr verhindern, daß Sie sich solche Dinge von ihrem Taschengeld kaufen. Dann können Sie nur darauf warten, daß sich diese – aus Ihrer Sicht – „Geschmacksverir-rung" zum Guten wendet, indem Sie ein gutes Vorbild abgeben. Wenn Sie es verbieten, erreichen Sie vielleicht nur, daß Ihr Kind sich heimlich etwas kauft. Das ist noch schlimmer.

○ **Beruhigende Geschichten für eine ruhige Nacht:** Aufregend sollten die Geschichten vor dem Schlafen natür-lich nicht sein. Jeder kennt das doch von sich selbst: Nach einem spannen-den Krimi ist an einen ruhigen Schlaf erst mal nicht zu denken.

○ **Einigen Sie sich vorher auf Länge und Anzahl der Geschichte(n):** So ersparen Sie sich nervenaufreibende Diskussio-nen. Wenn Sie aber die Energie haben und jeden Abend gerne fünf Geschich-ten vorlesen – zuviel vorlesen kann man gar nicht, und aus Kindern, de-nen viel und gerne vorgelesen wurde, werden für gewöhnlich selbst begei-sterte Leseratten.

○ **Märchen eignen sich für alle Alters-stufen:** Sie sind immer zu empfehlen. Märchen geben dem Kind klare Bilder an die Hand, um mit seinen Erfahrun-gen von Gut und Böse und seinen Ängsten umzugehen.

Welches Märchen für welches Alter?

Für kleine Kinder ab etwa zweieinhalb
Jahren empfehlen sich nur Märchen mit
dem einfachen Handlungsstrang Ursache
– Handlung – Wirkung – Erlösung wie
die klassischen Geschenk-Märchen: Die
Sterntaler, Die Bremer Stadtmusikanten,
Hans im Glück, Der süße Brei, Der Wolf
und die sieben Geißlein ... Wichtig ist,
daß Kinder diese Märchen auch nachvollziehen können.

Und keine Angst: Was sich furchtbar
grausam anhört, ist es in Kinderaugen
nicht. Im Gegensatz zum Fernsehen er-
höhen Märchen die Gewaltbereitschaft
erwiesenermaßen nicht. Kinder entwerfen
selbst die Bilder in ihrer Phantasie. Eine
Magen-Darm-Operation haben sie noch
nie live gesehen, deshalb wird in ihrem
Kopf kein blutiges Gemetzel ablaufen,
wenn einem Wolf Wackersteine in den
Bauch genäht werden. Vielmehr sehen sie
darin eine gerechte Strafe.

Ältere Kinder ab etwa fünf, sechs Jahren
verkraften auch schon Trennungsmär-
chen wie Hänsel und Gretel oder Brüder-
chen und Schwesterchen, in denen Eltern
von ihren Kindern getrennt werden und
den Weg durch viele Prüfungen auch wieder zurückfinden. Diesen Weg gehen ja
alle Kinder einmal: Die erste Loslösungs-
phase beginnt in der Trotzphase, die letzte
endet – meist – mit der Pubertät.

**So alt Märchen sind, so sehr spiegeln
sie die Bilderwelt der Kinder wider.
Denn hat sich auch die Welt verändert,
Kinder kommen mit demselben „Wis-
sen" auf die Welt wie vor hundert
Jahren – und haben exakt dieselben
Ansprüche!**

Do-it-yourself-Geschichten

Seien Sie erfinderisch und kreieren Sie
selbst Gute-Nacht-Geschichten. Das hat
den Vorteil, daß Sie immer auf aktuelle
Ereignisse wie einen bevorstehenden Geburtstag oder den Sommeranfang reagieren können. Das klingt anstrengender, als
es ist. Sie müssen nur einige Hauptfiguren
schaffen, die den Alltag auf einer anderen
Ebene, beispielsweise als Tiere im Wald,
nachspielen. Wie würden das Füchslein
Rotschwänzchen und sein ungewöhnlicher
Freund, der kleine schwarze Welpe „Teu-
felchen", wohl in der Höhle der Fuchsmama Geburtstag feiern? Sie würden natürlich eine riesige Party steigen lassen – mit
allen Tieren des Waldes. Das Büfett würden sie mit Eicheln, Nüssen, saftigem
Löwenzahn und Beeren garnieren ...
Es gibt endlose Möglichkeiten, mit festen
Hauptrollen unendliche Geschichten zu
erfinden. Beachten müssen Sie dabei nur
zwei Dinge. Erstens: Ihr Kind möchte
Ihnen keinen Pulitzerpreis verleihen. Erfinden Sie also ganz ungezwungen, ohne
Leistungsstreß, aber mit guten Lösungs-
ansätzen. Wenn die Fuchshöhle nach der
Party stark mitgenommen ist, könnten so
alle zusammen aufräumen ... Und zwei-
tens: Nutzen Sie die eigene Geschichte
nie, um „schlechtes Verhalten" durch die
Hintertür zu bestrafen und Ihrem Kind zu
drohen. Weil es ungezogen war, muß die
Fuchsmama es trotzdem noch lieb haben
und darf es nicht zehn Tage in seinem
Fuchsbau einsperren.

Eigene Geschichten auszudenken, macht
eine Menge Spaß. Noch schöner ist es,
wenn Ihr Kind eine eigene Rolle in der
Geschichte spielt und miterzählen kann.

Das Schlummerkätzchen:
eine selbst gemachte Geschichte

Bei dieser Do-it-yourself-Geschichte spielt der Wiederholungseffekt eine entscheidende Rolle. Der Handlungsablauf bleibt immer gleich, die Orte und Erlebnisse allerdings sind variabel: Das Schlummerkätzchen zieht in die weite Welt hinaus, um sie zu erforschen. Auch wenn es einen beschwerlichen, gefährlichen Rückweg hat, es kommt immer wieder heil zu Hause an, wo die Bauersfrau schon mit einem Schälchen warmer Milch sehnsüchtig auf das Kätzchen wartet, es trocken rubbelt und schön warm einpackt. Nach ein paar Schlückchen schläft das Kätzchen dann friedlich zusammengerollt ein.

Denken Sie sich einmal selbst oder zusammen mit Ihrem Kind Stationen dieser Reise aus. Was könnte dem Kätzchen auf seinem Weg alles passieren? Ihr Kind wird sich schnell an das immer wiederkehrende Muster dieser Geschichte erinnern und erhält gleichzeitig die Möglichkeit, die einzelnen Episoden mitzugestalten.

Das Schlummerkätzchen ist ein kleines Kätzchen. Die Bäuerin hat es so genannt, weil es nachts so wunderschön schlummern und schnurren kann. Aber tagsüber hat es meistens viele andere Sachen zu tun.

Einmal war es Sommer, da ist das Schlummerkätzchen ausgerissen – es hat sich einfach aufgemacht und ist davon spaziert. Ein ganzes Stück weit. Und dann noch ein Stück. Und dann noch einmal ein Stück dazu.

Am Weiher vorbei, wo die Enten gequakt haben.
An der Koppel vorbei, wo das große Pferd steht und gegrast hat.
An der Weide entlang, wo die Kühe geguckt haben.

Und dann noch ein bißchen querfeldein.

Da hat es dem Schlummerkätzchen gut gefallen.
Es hat die Grillen gehört. Und die Vögel gesehen.
Und die Grashüpfer sind nur so durch die Gegend gehüpft.

So schön ist das gewesen, daß das Schlummerkätzchen erst gar nicht gemerkt hat, daß dunkle Wolken aufgezogen sind. Erst als es gedonnert hat, ist es aufgeschreckt.

Ojeojoje, ein Gewitter!

Und als die ersten Tropfen gefallen sind, da ist es nur so davon gejagt. Querfeldaus bis zum Weg zurück.

Dann an der Weide vorbei, wo sich die Kühe untergestellt hatten.
An der Koppel vorbei, wo das Pferd in den Stall gebracht worden war.
Und am Weiher, wo alle Enten unter den Sträucher standen.

Und dann den ganzen Weg zurück.

Bis zum Bauernhaus. Aber da war es bereits ganz naß geregnet.
Die Bäuerin stand schon an der Tür und hat nach dem Schlummerkätzchen Ausschau gehalten.

„Wo bleibst du denn nur, mein Schlummerkätzchen?" hat sie gerufen.
Und als sich das Schlummerkätzchen an ihr vorbei ins Haus drücken wollte, da hat sie es aufgehoben, um es mit einem Tuch ganz trocken zu rubbeln.

Da war das Schlummerkätzchen ganz verstrubbelt und hat seine süße Milch bekommen.

Und das Schälchen war noch nicht ganz leer, da war das Schlummerkätzchen schon eingeschlafen und hat geschlummert und geschnurrt.

Die Bäuerin hat nur gesagt: „Oh, mein Schlummerkätzchen!"
Sie hat es genommen und auf die warme Ofenbank getragen.
Und dann ist sie selber auch schlafen gegangen.

Gedicht zur guten Nacht

Schau, was ich hier hab:
Ich hab' hier einen Traum,
Noch sieht man den nur kaum,
Den setz' ich dir nun sacht,
Wer hätte das gedacht,
Auf dein Bäuchlein hier
zur Nacht.

Das, was ich dir gab,
Den schönen, kleinen Traum,
Der ist von einem Baum.
Im Traum wird oft gelacht,
Viel Schönes wird gemacht.
Den schenke ich dir jetzt:
Gute Nacht!

Der Nachtwächter:
eine Gute-Nacht-Geschichte

Da hatte es geholpert und gepoltert. So laut und urplötzlich, daß dem Nachtwächter sein Pausenbrot in die Luft gehupft war. Glücklicherweise hatte er es noch einmal fangen können, sonst wäre es in eine Pfütze auf dem Boden gefallen, und dann hätte er für den Rest der Nacht nichts mehr zu essen gehabt. Und seine volle Milchflasche hatte er auch gerade noch retten können.

Nachts passieren mitunter wunderliche Dinge. Und niemand weiß das besser, als ein Nachtwächter, der in der Dunkelheit aufpaßt, wenn alle anderen schlafen.

Aber was hatte da ein solches Getöse veranstaltet?

Drüben beim Altpapier raschelte es im Karton. Vielleicht ein Hund? Eine Katze? Oder vielleicht irgend etwas anderes?

Der Nachtwächter nahm seine Laterne und stapfte mutig zu dem Papierberg. Und da kam etwas aus dem Karton heraus. Erst sah er einen goldigen Zacken und dann noch einen und dann noch einmal einen und so immer weiter ringsherum. Da war es gar keine Frage mehr: Er hatte einen kleinen Stern gefunden, mitten in der Nacht und mitten im Altpapier.

„Ich bin ...", sagte der Stern.

„Ein Stern, soviel ich sehe", brummelte der Nachtwächter verwundert. Denn auch wenn er schon viele Sterne gesehen hatte, so doch noch nie aus solcher Nähe.

„Ich bin ...", wiederholte der Stern.

„Am Himmel zu Haus?" wollte der Nachtwächter helfen.

„Ich bin ...", sagte der Stern noch einmal, „Ich bin beim Schnuppenfangen ausgerutscht."

„Du hast dir doch hoffentlich nicht weh getan?"

„Nein, das nicht gerade", sagte das Sternchen, „aber ich glaube, meine Strahlen sind ein bißchen verbogen." Tatsächlich! Zwei seiner Strahlen waren krumm, nicht schlimm, aber man konnte es dennoch deutlich sehen. So konnte das natürlich nicht bleiben.

„Das kann ich vielleicht richten", bot sich der Nachtwächter an. „Ich bin nicht ungeschickt in solchen Dingen. Zu Hause repariere ich manchmal etwas!"

Und weil das Sternchen damit einverstanden war, machte er sich vorsichtig daran, die Strahlen wieder zurechtzubiegen. Da mußte der Nachtwächter auch sehr achtsam sein, weil die Strahlen so zart waren wie flüssiges Gold, hauchdünn und gewiß auch ein wenig zerbrechlich. Währenddessen erzählte ihm das Sternchen, was ihm passiert war. Auf der Milchstraße hatten die Sterne Sternschnuppen gefangen, und da war es von der Milchstraße gerutscht, und weil es so schnell war, hatte es sich gar nicht mehr halten können.

Kaum hatte das Sternchen fertig erzählt, da waren beide Zacken wieder ganz gerade.

„Wenn du willst, kannst du jetzt bei mir bleiben", sagte der Nachtwächter, als er sich neben den Stern auf ein Zeitungsbündel setzte. „Ich habe gerne Gesellschaft, und du kannst mir die Nacht über leuchten."

„Ich weiß nicht recht", sagte das Sternchen, „bestimmt werde ich vermißt, und das Sternenfunkeln kann man vom Himmel oben viel besser sehen ..."

Ja, überlegte der Nachtwächter, einen Stern, den er bei sich hatte, den konnte er vielleicht selber recht gut sehen, aber alle anderen konnten das Glitzern und Funkeln nur sehen, wenn das Sternchen am Himmel war.

„Aber du kannst mir helfen, daß ich wieder in den Himmel komme ..."

Da erzählte das Sternchen, daß man nur die Milchstraße ein bißchen verlängern müßte, und dann könnte es so in den Himmel zurückrutschen.

„Milch habe ich", sagte der Nachtwächter bedächtig, „in einer Milchflasche. Sie ist noch fast voll, weil ich noch nicht viel von ihr getrunken hab'."

Dann holte er die Milchflasche, und zusammen bauten sie eine Startbahn, und als sie sahen, daß sie ein kleines bißchen zu kurz geraten würde, gab er auch noch sein Becherchen Joghurt dazu.

„Hurra!" rief das Sternchen, „jetzt ist es lang genug. Jetzt muß ich nur noch Anlauf nehmen. Vielen Dank, lieber Nachtwächter, ab jetzt werde ich extra hell für dich leuchten."

„Das ist doch aber nicht nötig", brummelte der Nachtwächter verlegen.

Dann nahm das Sternchen einen Anlauf und hui! flitzte es in den Himmel hinauf, daß man es bald selber für eine Sternschnuppe hätte halten können.

Nun ja, dachte sich der Nachtwächter, dort ist es natürlich viel besser aufgehoben.

Milch und Joghurt waren jetzt natürlich nicht mehr übrig.

„Aber ich habe ja immer noch mein Pausenbrot – und außerdem –, um einem kleinen Stern zu helfen, kann man schon mal ein wenig auf ein Nachtmahl verzichten."

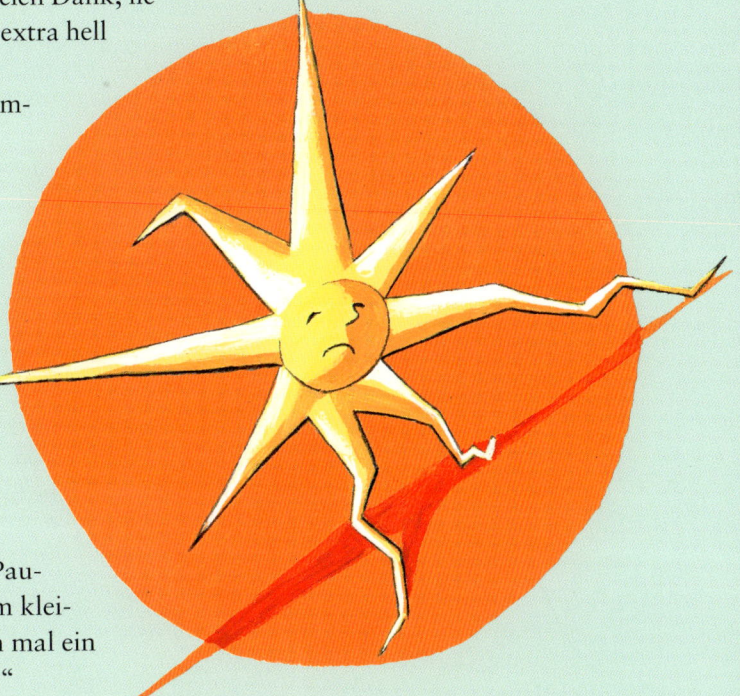

Das Abendgebet – Eine Frage der Einstellung

Beim Abendgebet scheiden sich die Geister: meist in Atheisten oder solche, die sich dafür halten, die Beten meist ablehnen, und in „gläubige Menschen", für die Beten zum Leben dazugehört. Dann gibt es noch eine dritte Gruppe, die sich zwar nicht sonderlich mit Bräuchen der Amtskirche und anderen religiösen Riten be-

schäftigt, die aber den spirituellen Anspruch und das spirituelle Wesen ihrer Kinder entdeckt haben, sie ernst nehmen und ihnen Rechnung tragen.

Atheisten schaden ihren Kindern nicht, wenn sie nicht mit ihnen beten, genau so wenig wie Gläubige ihnen nicht schaden, wenn sie es tun. Die letztgenannte Gruppe hat ganz klar und weniger aus Tradition denn aus Überzeugung erkannt: **Gebete können Kindern beim Einschlafen helfen.**

Von Schutzengeln und Feen – Die Welt durch Kinderaugen sehen

Kinder haben noch eine ganz andere Verbindung zu allem Spirituellen oder Magischen. Für sie haben Schutzengel noch eine Bedeutung. Denn was für uns „Geschichtchen" sind, existiert für Kinder wirklich. Dabei sind Engel, Gott oder der Himmel noch nicht in eine Religion gepreßt, sondern letztlich ein wohlgeordnetes Universum, in das Kinder Vertrauen haben können, dessen Bestandteil sie sind und das sie beschützt. **Gebete sind für Kinder wertfrei und richtig – solange sie ihnen Schutz versprechen und keine Angst machen. Gottes Zorn hat in Kindergebeten keinen Platz, Gottes Zuversicht und Schutzengel allemal.**

Wer weiß eigentlich, daß es Schutzengel oder Feen nicht gibt? Die Kinder jedenfalls vermögen, sie zu sehen. Die Welt durch Kinderaugen zu betrachten, wäre für viele von uns sehr aufschlußreich. Wir müssen nur den goldenen Mittelweg finden, damit wir nicht das Gefühl haben, unser Kind anzulügen. Wenn Sie partout nicht an den „Himmel" oder etwas Ähnliches glauben können, dann werden Sie selbstverständlich nicht ernsthaft behaupten: „Deine tote Katze ist jetzt im Himmel." Aber es ist gar nicht so schwer, wieder daran zu glauben, wenn man den Visionen der Kinder einmal genau zuhört. Vielleicht wissen Kinder über manche Dinge wirklich mehr als wir. So können sie im Traum etwa tote Tiere oder Menschen im „Himmel" besuchen. Ist das wirklich nur Einbildung? Kinder wissen um eine übergeordnete Macht, die letztendlich alles zum Guten regelt. Kinder fragen auch selten „Wer ist der liebe Gott, wie sieht er aus?" Sie scheinen es, oder was sich dahinter verbirgt, zu wissen.

Offen für unbekannte Wege

Es gibt die Geschichte von einem vierjährigen Mädchen, das von seiner Mutter über das Babyphon im Kinderzimmer belauscht wurde, als es zu seiner neugeborenen Schwester sagte: „Bitte erzähl mir etwas über Gott. Ich bin dabei, es zu vergessen ..." Wer weiß, was Kinder auf diese Welt mitbringen und wieder verlieren, wenn sie groß werden? Sicherlich gibt es einige, die an dieser Stelle resolut den Kopf schütteln, weil für sie nur knallharte Fakten gelten. Schließen Sie dennoch nicht alle Türen rigoros ab, sondern lassen Sie auch unbekannte Wege offen.

Meine Augen fallen zu

Meine Augen fallen zu.
Lieber Gott, gib süße Ruh!
Deine Engel halten Wacht,
gib mir eine gute Nacht!

Will mich in mein Bettchen legen

Will mich in mein Bettchen legen,
denn ich sehne mich nach Ruh',
decke, Gott, mit Deinem Segen
mich und meine Eltern zu.
Schicke Deine Engelein
in mein stilles Kämmerlein!

Jetzt leg' ich mich schlafen

Jetzt leg' ich mich schlafen,
sechs Engel bei mir wachen,
zwei beim Kopf,
zwei bei den Füßen,
zwei neben mein,
im Namen Gottes schlaf' ich ein.

Müde bin ich, geh' zur Ruh'

Müde bin ich, geh' zur Ruh',
schließe beide Äuglein zu;
Vater, laß die Augen dein
über meinem Bette sein!

Abends, wenn ich schlafen geh'

Abends, wenn ich schlafen geh',
vierzehn Engel mit mir gehn,
zwei zu meiner Rechten,
zwei zu meiner Linken,
zwei zu meinen Häupten,
zwei zu meinen Füßen,
zwei, die mich decken,
zwei, die mich wecken,
zwei, die mich weisen,
in das himmlische Paradeise.

In mein Bettchen leg' ich mich

In mein Bettchen leg' ich mich,
meinem Gott befehl' ich mich,
alle Abend, alle Morgen
wird er mich gewiß versorgen.

Müde bin ich, geh' nicht zur Ruh –
Wenn gar nichts mehr geht

Zu müde, um zu schlafen

Wenn Kinder zu müde sind, geht gar nichts mehr – alle Eltern kennen das. Bei den Kleinen kommt kein Kommando mehr an, sie drehen völlig durch, spielen unkoordiniert, sind aufgedreht, „hyperaktiv" oder „hyperkinetisch". Tatsächlich verhalten sich wirklich hyperaktive Kinder genau so. Sie sind aufgrund eines fehlenden Neurotransmitters im Gehirn „dauermüde". Egal ob beim übermüdeten oder hyperkinetischen Kind: Alle Reize von außen können nicht richtig verarbeitet werden, es kommt zur Reizüberflutung. Reagiert ein Kind auf einen bestimmten Reiz ansonsten mit einer bestimmten Handlungsweise, endet jetzt alles im Chaos.

Erwarten Sie jetzt keine „normale" Reaktion von Ihrem Kind. Helfen können hier nur noch klare, unkomplizierte Anweisungen, und dann nichts wie ins Bett. Spiele oder Ablenkungsmanöver stürzen das Kind in ein noch größeres Reizchaos und verschlimmern die Situation für alle.

Der kleine Tom wacht nachts auf, ist müde und quengelig und will „anscheinend" nicht weiterschlafen. In bester Absicht spult seine Mutter eine Stunde ihr „Schlaf-Programm" ab: Sie erzählt Geschichten, singt Schlaflieder und massiert seine Füße. Das Kind aber wird immer unruhiger und wirft sich im Bett von einer Seite auf die andere. So lange, bis der Mutter der Kragen platzt. Klipp und klar gibt sie ihm genaue Anweisungen: „Es reicht! Leg dich jetzt hin, mach die Augen zu, schlaf jetzt!" Und was passiert? Tom schaut sie erleichtert an, legt sich hin, macht die Augen zu und schläft. Tom hat die ganze Zeit nur darauf gewartet, daß ihm gesagt wird, was er tun soll.

Geben Sie exakte Anweisungen – mehr, aber auch nicht weniger können Sie bei einem total übermüdeten Kind tun. Dazu noch die drei Eckpfeiler „Liebe, Geduld und Menschenverständnis", und Sie werden das Kind schon schaukeln. Haben Sie Verständnis für Ihr Kind, beißen Sie die Zähne zusammen und holen Sie tief Luft. Das Kind selbst kann ja meist nichts dafür, daß es so müde ist – man wollte ja nur noch kurz einkaufen gehen, die Oma besuchen, einen Kaffee bei der Freundin trinken, im Freibad war's so nett ... Dann bleiben Sie auch nett, wenn sich Ihr Kind nach solch einem anstrengenden Tag einen kleinen Schnitzer erlaubt. Wenn Sie es nicht aushalten, gibt es nur ein Wundermittel: früher nach Hause gehen.

Oder Sie probieren es mit einem „Zauberspruch", der „garantiert" unwillkürlich zum Schlaf führt – er muß allerdings unter Umständen sehr häufig wiederholt werden.

Gemurmelter Gute-Nacht-Gruß der Murmeltiere

(Hochwirksamer Zauberspruch – in einer Mondnacht abgelauscht)

Alle Murmeltiere murmeln:
Rummeldrummel rummdelgu.
Alle Murmeltiere wurmeln,
und sie rummeln rum dazu.

Alle Murmeltiere spüren:
Rummeldrummel rummdelgu.
Murmeln muß zum Schlummern führen,
Und die Augen fallen zu ...
Alle Murmeltiere schlafen –
Rummeldrummel rummdelu
– alle Murmler, die wir trafen,

Und drum, mein ich, schlaf auch du.

Zauberer, Hexen und Dämonen – Was Kinder im Traumland erleben

> *„Der Traum ist der beste Beweis dafür, daß wir nicht so fest in unserer Haut stecken, wie es scheint."*
>
> *Friedrich Hebbel*

Endlich ist es geschafft: Das gemeinsame Abendritual hat sich eingespielt, Ihr Kind geht ohne Murren ins Bett und schläft endlich durch. Jetzt, so scheint es, können Sie aufatmen, die durchwachten Nächte neben dem Kinderbett gehören der Vergangenheit an. Doch weit gefehlt: Plötzlich ertönt lautes Schreien aus dem Kinderzimmer. Ihr Kind weint und will sich gar nicht mehr beruhigen. An Einschlafen ist vorerst nicht mehr zu denken. Der Grund: Ihr Kind hatte einen schrecklichen Alptraum voller unheimlicher Gestalten, die scheinbar nur darauf aus sind, den Schlaf zu vertreiben.

Im ersten Moment stehen Eltern hilflos vor diesem Problem, doch auch hier gibt es Mittel und Wege, dem Alp auf den Leib zu rücken. Zu-

vor allerdings sollten wir uns Gedanken machen, was Träume eigentlich sind. Schon für die Philosophen der Antike war der Traum das Tor zu einer anderen Welt. Doch wie sieht diese Welt aus? Und: Leben Kinder in einer anderen Traumwelt?

Wie Kinder träumen

Kinder träumen tatsächlich mehr, ihre aktiven REM-Schlafphasen sind länger und kehren häufiger wieder als bei Erwachsenen. Ob sie aber „anders" träumen? Im Traumland gibt es mindestens so viele Unbekannte wie in der gesamten Schlafforschung. Über den Erwachse-

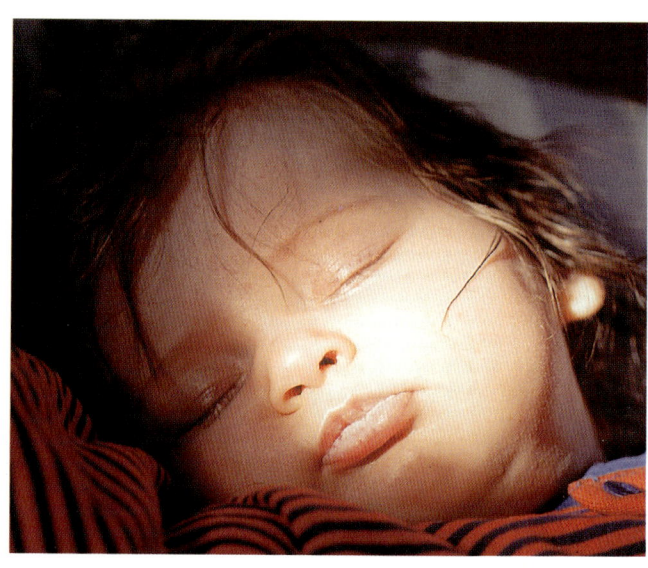

nentraum weiß man wenig, über Kinderträume noch weniger. Das meiste kann man nur vermuten.

Wissenschaftler aller Fakultäten haben unterschiedliche Erklärungen parat. Die Neurobiologen sehen im Traum lediglich eine Reizung verschiedener Hirnpartien, die als nutzlose Begleiterscheinung verschiedener Gehirnprozesse geschildert wird. Fast die ganze restliche Forscherriege ist sich dahingegen glücklicherweise in einem sicher: Sinnlos und nur „körperlicher" Unsinn, das sind Träume nicht.

Die Molekularbiologen deuten den Traum als „Selbstreinigungsversuch des Gehirns"; das renommierte Forscherehepaar Marta Koukkou und Dietrich Lehmann hingegen, die an der Zürcher Universität zahlreiche Versuche zum Thema durchführten, kamen zu einem anderen Schluß: Im Traum werden Gedächtnis-Überbleibsel aus der Kindheit mit neuen Informationen vermischt und Denkstrategien abgeglichen. Andere Wissenschaftler behaupten, im Traum würde unser genetisch programmiertes Instinktverhalten mit neuen Informationen kombiniert.

Sicher ist, Kinder können in ihren Träumen alles – auch fliegen –, und sie sind davon überzeugt, daß es auch tatsächlich funktioniert. Sie können verstorbene Tiere und Menschen treffen, und diese Vorstellung ängstigt sie nicht. Im Gegenteil, es beruhigt sie ungemein. Angst haben Kinder vor den Möglichkeiten des Träumens zunächst nicht – wenn wir sie ihnen nicht machen. Denn eigentlich fühlen sie sich sicher im „Schoß der Welt", in ihren Träumen.

Traum ist nicht gleich Traum

Bizarre, bunte, rauschhafte Träume, an die wir uns dann auch erinnern können, träumen wir nur selten. Statt dessen ergehen wir uns meist in langweiligen Alltagsträumen, wie auch die systematisch erfaßten Traumberichte von Kindern im Rahmen einer Studie amerikanischer Schlafforscher ergaben.

Das wenig berauschende Ergebnis:

❍ Drei- bis vierjährige Kinder träumen hauptsächlich von Tieren und bekannten Orten.

❍ Fünf- bis Sechsjährige träumen überwiegend von Familienmitgliedern und Bekannten. Ihre Träume sind schon rasanter, auch wenn sich die Kinder im Traum immer noch passiv verhalten. In diesem Alter tendieren die Mädchen übrigens zum harmonischen Traum mit Happy-End, bei den Jungs knallt es häufiger aggressiv.

❍ In der Altersstufe der Sieben- bis Achtjährigen hatte sich dieser „kleine Unterschied" bereits wieder gelegt. Ab diesem Alter übernehmen Kinder langsam, aber sicher die Hauptrolle in ihren Träumen.

Der Großteil der Kinderträume ist somit nicht angsteinflößend oder beunruhigend, sieht man einmal von Alpträumen ab, die zu einer ganz bestimmten Entwicklungsphase, der sogenannten „magischen Phase" einfach dazugehören.

Der große Pirat und der kleine Pirat

Die folgende Episode aus dem Leben des kleinen und des großen Piraten eignet sich nicht nur als Gute-Nacht-Geschichte. Sie könnte auch der Anlaß sein, mit Ihrem Kind über seine Träume zu reden. Fragen Sie Ihr Kind, ob es sich an seine Träume erinnern kann. Hat es vielleicht einen Lieblingstraum, in dem etwas Wunderschönes passiert? Gibt es manchmal auch Träume, die ihm Angst machen?

Die Geschichte vom orangen Traum

Der große Pirat und der kleine Pirat fahren mit ihrem Segelschiff über das Meer. Manchmal machen sie Beute – manchmal auch keine.

Am Abend bringt der große Pirat den kleinen Piraten zu seiner Hängematte. Aber heute will der kleine Pirat überhaupt nicht einschlafen.

„Warum kannst du denn nicht einschlafen, kleiner Pirat?" fragt der große Pirat den kleinen Piraten.

„Es ist so: Ich weiß noch nicht, was ich träumen soll ...", antwortet der kleine Pirat und rückt sich seinen einäugigen Piraten-Teddybären neben sich zurecht.

„Du weißt nicht, was du träumen sollst?" fragt der große Pirat ungläubig.

„Ja", entgegnet ihm der kleine Pirat. „Heute weiß ich einfach nicht, was ich träumen soll. Es fällt mir einfach nichts ein. Und deswegen kann ich jetzt noch nicht schlafen."

„Dann träume doch einfach das, was du gestern geträumt hast", schlägt der große Pirat vor und setzt sich neben den kleinen Piraten auf ein Süßwasserfaß.

„Aber das habe ich leider schon vergessen ...!"

4

Da merkt der große Pirat, daß das mit dem Einschlafen heute gar nicht so einfach wird. Und deshalb macht er dem kleinen Piraten Vorschläge, was er diese Nacht träumen könnte.

Aber der kleine Pirat möchte keinen Segelschiff-Traum und auch keinen Schatzinsel-Traum. Und einen Nixentraum will er auch keinen haben.

Da ist der große Pirat ratlos.

„Dann weiß ich nur noch einen orangen Traum für dich", entgegnet er dem kleinen Piraten.

Von einem solchen Traum hat der kleine Pirat noch nie gehört.

Über so einen Traum würde er gerne noch mehr wissen.

„Na", sagt der große Pirat und flüstert ganz leise, obwohl sie doch auf dem Schiff gar niemand hören kann, „das ist doch der, der so nach Zimt und Zucker riecht …"

Für den kleinen Piraten klingt das ein bißchen so, als ob es ein oranger Apfelmustraum wäre. Aber der große Pirat will dem kleinen Piraten nicht mehr verraten.

Er soll lieber selber einmal genau hinträumen, ob es ein oranger Apfelmustraum ist oder ein oranger Blumentraum oder vielleicht sogar ein duftender Apfelsinen-Pudding-traum …

Der große Pirat beschreibt dem kleinen Piraten noch ganz genau, wie orange der orange Traum ist. Und während sich der kleine Pirat vorstellt, wie orange orange Träume sind, ist er auch schon eingeschlafen.

Da macht sich der große Pirat auch auf, zu seiner Hängematte.

Auf einen orangen Zimt- und Zuckertraum, da hätte er auch Appetit darauf.

Das Traumfernrohr: ein Fingerspiel

In der leicht geschloss'nen Hand
– Das ist allgemein bekannt –
Ist der Traum der nächsten Nacht
Schon ein bißchen festgemacht …

Schau mal rein, wenn du dich traust
In das Dunkle deiner Faust …
Man sieht schon was – doch leider kaum:
Es ist ein Zipfelchen vom Traum.

Die Angst in der Nacht – Alpträume sind ganz normal

Wenn es dunkel wird – Angstträume

Normalerweise schläft Sandra nachts schon lange durch. Doch eines Nacht wacht sie plötzlich laut schreiend auf, zittert vor Angst und ist nur schwer zu beruhigen. „Da war ein ganz großes Krokodil mit schrecklich langen Zähnen, das direkt auf mich zugekommen ist. Ich hatte solche Angst", erzählt sie ihrer Mutter unter Tränen. Die Mutter erschrickt: Um Gottes Willen, wir haben es ja immer gewußt: dieses Fernsehen! Oder waren es doch diese schauerlichen Märchen? Hätten wir sie mal lieber nicht vorgelesen. Jetzt muß unser Kind leiden.

Und da ist es wieder: unser schlechtes Gewissen. Schminken Sie es sich sofort wieder ab, denn Sie können überhaupt nichts für die schlechten Träume Ihrer Kinder. Mit größter Wahrscheinlichkeit leidet Ihr Kind auch nicht an einer Neurose, sondern entwickelt sich prächtig und steckt gerade mittendrin: in der magischen Phase.

Die magische Phase
Die Ursache für solche übernatürlichen, unheimlichen Gestalten und Schreckensbilder liegt in einer Entwicklungsphase der Kinder begründet. Kinder im Klein- kind- und Vorschulalter suchen sich in der sogenannten magischen Phase Bilder für einen ersten Ablösungsprozeß. Da sie die Welt in dieser Entwicklungsphase viel bewußter wahrnehmen, machen sie sich jetzt ihre eigenen Gedanken. Für vieles, was sie noch nicht verstehen, müssen dann „magische" Erklärungen herhalten. In der Vorstellung der Kinder können leblose Dinge plötzlich ein bedrohliches Eigenleben erhalten: Aus dem Staubsauger wird ein wildes Krokodil, die Vorhänge im Kinderzimmer verwandeln sich nachts in unheimliche Gespenster. Ebenso werden Phantasiegestalten wie Monster und Dämonen zum Leben erweckt und für das Kind real.

Eltern müssen deshalb nicht erschrecken. Alpträume gehören in der magischen Phase einfach dazu. Die Kinder werden groß und müssen sich selbständig abgrenzen. Die Trotzphase ist ein Ausdruck dafür, ein anderer äußert sich in Alpträumen. Das Kind muß mit allerlei Schreckgestalten fertig werden. Und seien Sie immer sicher: Ihr Kind schafft das auch. Ist es durch diese Prüfung durch, hat es viel an Eigenständigkeit und Selbstsicherheit gewonnen. Klar, wer erst einmal einen Drachen besiegt hat ...

Statt uns zu beunruhigen, sollten wir uns freuen, ein Stück der magischen Phase festhalten zu können. Oder, um es mit einem Zitat Friedrich Hölderlins zu sagen: „Ein König ist der Mensch, wenn er träumt, ein Bettler, wenn er nachdenkt."

Den Schreckensbildern auf der Spur

Die dreieinhalbjährige Charlotte leidet seit Wochen unter schlimmen Alpträumen. Fast jede Nacht wacht sie kreischend auf und ist kaum noch zu beruhigen. Und sie hat große Angst davor, wieder einzuschlafen – selbst im Bett der Eltern. Charlotte wird von den schlimmsten Horrorvisionen geplagt: Wilde Tiere lauern unter ihrem Bett, böse Hexen jagen auf ihrem Besen um Charlottes Kopf. Charlottes Mutter weiß nicht ein noch aus, wollte sie ihre Tochter doch gerade vor solchen Bildern beschützen. Alle Märchen hatte die Erzieherin mit 20jähriger Berufserfahrung deshalb einfach umgeschrieben: Rotkäppchen spazierte gemütlich durch den Wald und hielt dort ein Pläuschchen mit dem lieben Wolf, der Wolf und die sieben Geißlein wurden die besten Freunde, und die Hexe servierte Hänsel und Gretel die allerbesten Lebkuchen – und brachte sie anschließend nach Hause. Charlottes Mutter garantierte dafür, daß ihre Tochter nie ein anderes Märchen gehört und nie ferngesehen hatte. Ausgerechnet ihre „behütete" Tochter litt jetzt unter Alpträumen.

Sicherlich erscheint dieses Beispiel überspitzt, doch es ist authentisch. Woher aber, wenn nicht aus dem Fernsehen oder aus Schauermärchen, haben Kinder solche Schreckensbilder?

Nach Carl Gustav Jung sind diese Bilder in unserem „kollektiven Unbewußten" gespeichert: Seiner Theorie nach handelt es sich dabei um bestimmte Archetypen in unserem Bewußtsein. Denn alle kleinen Menschen rund um den Globus „erleiden" in der magischen Phase zwischen drei und fünf Jahren Alpträume mit mehr oder minder gleichem Inhalt. Sicher wird der Geist im Traum eines kleinen Zulus eher eine schwarze Hautfarbe haben, aber er träumt von ihm in genau derselben Weise wie die kleine Charlotte. Nur hat er sehr wahrscheinlich die besseren Gegenmittel parat. Geister sind in seinem Kulturkreis und seiner Religion noch allgegenwärtig, also hat er auch in vielen Geschichten, Legenden und Ritualen gelernt, wie man mit ihnen umzugehen hat. Eine ähnliche Funktion übernehmen in unserem Kulturkreis beispielsweise die Märchen der Gebrüder Grimm, die Kindern klare Lösungen anbieten, wie das „Böse" ausgemerzt werden kann. So wird die Hexe von Hänsel und Gretel in den Ofen gestoßen, während den Bösewicht in „Rotkäppchen" ein schlimmes Ende ereilt: Ihm wird der Bauch aufgeschnitten. Märchen mit einem solchen „Happy-End" geben Kindern eine wirksame „Waffe" an die Hand, um Geister wieder zu verjagen. Und dadurch, soviel ist sicher, werden sie selber gestärkt. Über je mehr „Gegenmittel" das Kind verfügt, um so schneller sind sie über diese Alptraumphase hinweg. Dabei bewegen sich Kinder in der magischen Phase nicht auf einer realen Ebene. Benutzen sie in ihren Träumen ein Messer, würden sie dies im realen Leben niemals tun.

Der Traumladen: eine Geschichte

Es gibt schöne Träume, lustige Träume, vollkommen irrwitzige Träume, aber auch solche, die Kindern Angst machen. Um mit Ihren Kindern über Alpträume ins Gespräch zu kommen und ihnen ihre Angst spielerisch zu nehmen, eignet sich die folgende Geschichte. Denn: Im Traumladen gibt es alle nur möglichen Träume, wenn sie auch leider nicht allzu gut sortiert sind . Welche Träume würde sich Ihr Kind wohl in einem solchen Laden aussuchen? Hat Ihr Kind einen ganz persönlichen Traum, der nur ihm allein gehört? Und ist es ihm auch schon einmal passiert, daß es aus Versehen den falschen Traum erwischt hat?

Auf dem Weg ins weite Land des Schlafes, etwa zwischen den Dörfchen Eingenickt und Döseschon, steht ein altes und schiefes Gebäude. Man kann es gleich erkennen, denn darüber steht immer eine rosa Wolke.

Darin befindet sich der Traumladen.

Jeder, der einschläft, kommt dort vorbei, und kann sich einen passenden Traum abholen. Manche nehmen auch gleich zwei oder drei. Aber das ist egal. In der Traumhandlung gibt es genügend Träume, und jeder wird ja selbst am besten wissen, wie viele Träume er in einer Nacht benötigt.

Der Traumhändler selber ist ein sehr netter Mann. Er kennt sich gut mit Träumen aus, und viele seiner Träume hat er selbst schon einmal probiert. Die meisten der Träume liegen vorne in der Auslage, einer Glasvitrine, wie beim Bäcker. Da ist zum Beispiel der Traum vom Fliegen dabei. Der Traum vom Essen, von Schokoladenseen und Eiswaffelgebirgen. Spielzeugträume sind auch viele darunter.

Hinten im Regal stehen viele Schachteln. Darin sind die spezielleren Träume. Sie passen nicht für jeden.

Auf eine graue Schachtel ist ein Fahrrad gemalt. Das ist der Traum, in dem Oma singend auf einem geflügelten Fahrrad den Berg hinuntersaust. Dieser Traum paßt nur für jemanden, der Oma Krause kennt und weiß, daß sie erst vor kurzem Fahrradfahren gelernt hat. Am besten paßt er für Gustav. Denn der ist schließlich ihr Enkel und hat ihr das Fahrradfahren auf seinem Mountainbike beigebracht. Und für Oma Krause selber paßt er auch. Für alle anderen ist der Traum auch schön, aber vielleicht nicht so passend.

In einer gemusterten, gelben Schachtel ist der Traum von einem kleinen Hund. Der kleine Hund schleckt einem im Traum gleich die Nase ab, und wenn man ihn auf den Arm nimmt, beginnt er echt zu sprechen. Der Hund heißt Otto.

Der Traum paßt natürlich vor allem für jemanden, der gerne einen Hund namens Otto hätte. Oder sich mit einem Hund namens Otto anfreunden kann. Wenn jemand lieber ein Pferd namens Flöckchen hätte oder einen Hasen namens Wotan, für den paßt der Traum vielleicht auch – aber eben doch nicht so ganz.

Ganz weit hinten oben, in den grauen Schachteln, sind einige Träume, die nicht beliebt sind. Es sind Alpträume, und es tut ihnen selber leid, daß keiner sie haben will. Ab und zu erbarmt sich mal ein Träumer und nimmt auch aus diesen Schachteln etwas mit. Dann freuen sich der Traumhändler und seine Traumhändlerfrau. Denn diese Träume müssen ja auch einmal geträumt werden.

In all diesen Schachteln in den Regalen und in den Auslagen der Traumhandlungen gibt es Dutzende und Dutzende von Träumen. Nun ja, man kann sagen, besonders gut sortiert sind sie nicht. Dazu sind es vielleicht auch zu viele. Und deswegen kann es immer wieder mal vorkommen, daß man versehentlich den falschen Traum erwischt. Aber man kann sie ja, sobald man es gemerkt hat, gerne in der Traumhandlung wieder umtauschen.

Bezahlen muß man nichts. Es genügt den beiden Traumhändlern, wenn man sich am nächsten Morgen an den Traum erinnert. Das ist wirklich nicht zu teuer für einen schönen Traum.

Ich selbst habe einen Lieblingstraum, den träum' ich immer wieder. Verraten will ich ihn nicht. Vielleicht nur: Er liegt in einer Schachtel mit einer rosa Schleife, im dritten Fach links. Jeder kann sich diesen Traum nehmen, aber so richtig passen tut er, glaube ich, eigentlich nur für mich.

Kleine Geisterjäger ganz groß –
So haben Gespenster keine Chance

Wichtig ist, daß alle Eltern wissen: Schlimme Träume sind eine Phase, die vorbeigeht. Der Alptraum ist nichts „Böses", das weg muß und deshalb Ablenkung erfordert. Sie sollten wissen, daß Ihr Kind diese Phase durchleben muß und dies auch schafft – je schneller, desto besser. Ihr Kind wird sich danach sicherer fühlen, es kann sich behaupten. Deshalb müssen die Lösungen auch von dem Kind selbst kommen. Sie können die Geister nicht vertreiben, auch wenn Sie sich die allergrößte Mühe geben. Aber Sie können Ihrem Kind zur Seite stehen, um diese Zeit gemeinsam schnell und sicher durchzustehen.

Wie Sie Ihrem Kind die Angst vor der Nacht nehmen

Viele Eltern glauben, ihr Kind sofort wecken zu müssen, wenn es einen Alptraum hat. Zu Unrecht! Lassen Sie Ihr Kind schlafen, wecken Sie es nicht! Sonst bleibt der Traum „unfertig" und kommt nach dem Einschlafen sofort wieder. Sie können Ihr Kind dem Traum leider nicht entziehen. Wecken Sie Ihr Kind jedesmal auf, verlängern Sie nur die Alptraumphase.

Sie können Ihrem Kind aber durch echten Beistand helfen. Bleiben Sie, wenn es beispielsweise im Schlaf weint, bei ihm. Schon wenn Sie Ihre Hand über seinen Kopf halten und ihm so eine sichere Höhle bieten, wird es ihm helfen. Geben Sie ihm Sicherheit und Geborgenheit, ohne selbst aktiv zu werden. Das Licht können Sie ruhig auslassen, der sanfte Schein der Flurleuchte reicht aus. Und vor allen Dingen: Bewahren Sie selbst Ruhe. Unterstützen Sie sich und Ihr Kind mit tröstenden Worten: „Es wird alles gut, du schaffst das schon!" Was so banal klingt, ist Medizin für Kinderohren.

Ist Ihr Kind von selbst aufgewacht, fragen Sie es nicht gleich nach dem Alptraum aus. In der Nacht reicht ein: „Es ist alles gut, ich bin für dich da." Wenn es von selbst erzählen möchte, hören Sie erstaunt zu und nehmen Sie Ihr Kind ernst. Versuchen Sie nie, den Traum „wegzureden": „Hexen gibt es nur im Märchen", „Das war nur ein Traum – Geister gibt es nicht". Das glauben Sie vielleicht, aber

Ihr Kind hat sie tatsächlich gesehen. Wenn das kein Beweis ist!

Reden Sie erst bei Tag ausführlich über die Geschichten und die Gestalten, die bei Ihrem Kind im Zimmer auftauchen. Spielen Sie den Traum auch dann nicht herunter, sondern fragen Sie nach Möglichkeiten: „Wie könnten wir die wohl vertreiben?" Hat Ihr Kind schon abends Angst vor dem Einschlafen, binden Sie Ihre Vertreibungs-Strategie ins Abendritual mit ein. Ein gemeinsam gemurmelter Zauberspruch oder eine mit Bauklötzchen um das Bett gelegte Bannmeile wirken Wunder. Auch am Tag können klassische Alptraum-Geschichten und Gedichte helfen, etwa „Der Traumbaum" von Winfried Wolf oder auch der wunderschöne Klassiker von Michael Ende, das „Traumfresserchen".

Tauchen Alpträume bei größeren Kindern aber wiederholt auf, müssen Sie tatsächlich die Ursache erforschen. Ab dem Schulalter verarbeiten Kinder hauptsächlich „Tageserlebnisse" in ihren Träumen. Alpträume müssen dann dort ihre Wurzel haben.

Gehen Sie bitte nicht zusammen auf Geisterjagd: „Komm mit, ich zeig dir, daß da nichts ist!" Natürlich sind die Unholde gerade nicht da, aber sie kommen wieder. Rationale Erklärungen schenken Kindern keinen Trost, und leider können Geister auch nicht von den Eltern vertrieben werden. Die Hexe auf der Gardinenstange kratzt es überhaupt nicht, wenn Sie mit den Armen fuchteln: „Husch, husch, schau, schon ist die Hexe weg." Sobald Sie das Kinderzimmer verlassen haben, sitzt sie wieder feixend auf ihrem Platz.

10 „goldene" Regeln, um Alpträume durchzustehen

1. Wecken Sie Ihr Kind nicht, wenn es einen Alptraum hat und lassen Sie das Licht aus.
2. Bleiben Sie bei ihm, bis es sich beruhigt hat, aber werden Sie nicht selbst aktiv.
3. Ist Ihr Kind wach, fragen Sie es nicht aus.
4. Erzählt es von alleine, nehmen Sie es ernst.
5. Sagen Sie Ihrem Kind nie: „Geister gibt es nicht!"
6. Helfen Sie Ihrem Kind, den besten Ausweg selbst zu finden.
7. Lassen Sie sich nicht durch eventuelle härtere Gegenmaßnahmen Ihrer Kinder schockieren – gegen Schreckgespenster ist ausnahmsweise alles erlaubt.
8. Je schneller Ihr Kind eine eigene Lösung findet, desto schneller ist die Alptraumphase durchstanden. Aber: Werden Sie nicht ungeduldig.
9. Bewältigen Sie die Angst bereits am Tage mit entsprechenden Geschichten.
10. Nach einem Alptraum schlafen Kinder am besten im Elternbett.

„Wunderwaffen" im Reich der Phantasie – Gedichte und Zauber gegen Geister

Gespensterwissen für Eltern und Kinder

Kinder müssen sich gegen die unheimlichen Gestalten ihrer Träume selbst etwas einfallen lassen, das ist der springende Punkt. Manche haben sofort eine „Wunderwaffe" parat, andere brauchen etwas länger. Sie können Ihrem Kind im Notfall aber auf die Sprünge helfen. Stiften Sie es zum Nachdenken an. Der Dialog könnte dann folgendermaßen ablaufen: „Vor was könnte diese Hexe denn Angst haben? Hmmm? Vor was hast du denn Angst? Wenn dich die Katze anfaucht! Das wäre

So geht es Dämonen an den Kragen

○ Fast alle Gespenster haben schreckliche Angst vor Lärm – gerade brüllende Löwen und fauchende Katzen finden sie unausstehlich!

○ Hexen und Geister können auch ausgesperrt werden. An einer Bannmeile um das Bett schlagen sie sich so gemein die Nasen an, daß sie sehr schnell keine Lust mehr haben wiederzukommen.

○ Warum nicht Schreckgestalten mit ihren eigenen Waffen schlagen? So können sie beispielsweise mit einem Zauberspruch in harmlose Regenwürmer verwandelt werden: „Hexenkraut und Mückensturm – schon bist du ein kleiner Wurm." Hexen, die sich so überlisten lassen, schämen sich in der Regel derart, daß sie sich nie mehr blicken lassen.

○ Teddybären mit besonders großem Traumhexen-Hunger können Wache an jedem Bettpfosten halten.

○ Dämonen und andere unheimliche Gestalten kommen nur in der Nacht aus ihren Verstecken und fühlen sich in der absoluten Finsternis am wohlsten. Licht dagegen hassen sie wie die Pest: Kein Wunder also, daß sie um das kleine Nachtlämpchen neben dem Bett einen riesengroßen Bogen machen.

doch eine prima Idee. Sollen wir die Hexe anfauchen? Au ja, dann haut sie bestimmt ab. Ganz laut. Eins, zwei, drei und cchhh-hhhhhaaaaaaaa ..."

Das Kind hat die Hexen, Gespenster und Unholde in seiner Phantasie entwickelt und muß das Gegenmittel nun auch in seiner Phantasie finden. Sie können es dabei unterstützen.

Es ist deshalb immer ratsam, daß Eltern über ein fundiertes „Gespensterwissen" verfügen, das sie ihrem Kind zur Verfügung stellen können. Auf keinen Fall sollten Sie den „Geister-Zauber" als „Exorzismus-Anleitung" verstehen, sondern immer als augenzwinkernde Insider-Tips. Alpträume sind zwar ein ernstes Thema, sie erfordern jedoch eine kreative Lösung, die sogar Spaß machen darf.

Solche „Geister-Weisheiten" gibt es zuhauf! Der Fundus wird bei den Kindern am größten sein. Klappt der Zauberbann an diesem Abend nicht, und hat das Kind einfach Angst, wieder einzuschlafen, dann nehmen Sie es mit zu sich ins Bett.

Kinder täuschen Alpträume niemals vor, um Ihre Nähe zu „erzwingen". Sie nehmen sich immer nur so viel Nähe und Zuwendung, wie sie gerade nötig haben – und die sollten wir ihnen nie verweigern.

Zaubersprüche gegen den bösen Spuk

Auch mit Zaubersprüchen können Kinder allen Unholden der Nacht den Garaus machen. Besonders wirksam sind diese Beschwörungsformeln, wenn sie oftmals hintereinander wiederholt werden. In das abendliche Ritual eingebaut, wirken sie zudem beruhigend und stärkend.

Erster uralter Zauberspruch gegen die Angst

Ihr ...
Gespenster am Fenster
Und Trolle im Schrank!
Ihr Geister im Kleister
Und hinter der Bank!

Es mag euch zwar geben,
Doch das ist mir schnurz.
Ihr seid mir ja alle
Egal wie ein ... rostiger Gurkenhobel.

Noch ein uralter Zauberspruch gegen die Angst

Fitzliputzli
Schrimmschrimmschrimmm
Kixlikaxli
Dudeldimm

Kitzikatzi
Mummelmöm
Diddeldäddel
Hö ähöm

Keine Angst mehr – Rituale machen Mut

Ritualisierte Handlungen mobilisieren bei bestimmten Gelegenheiten wirksame Kräfte gegen Ängste. So können wir es natürlich mit Fug und Recht als Aberglaube abtun, wenn sich Schauspieler vor ihrem Auftritt über die Schulter spucken oder Freunde ein Amulett tragen. Wichtiger als unsere Ablehnung dieser „heidnischen" Bräuche ist, daß sie tatsächlich wirken und den Menschen in beklemmenden Momenten Mut machen.

Bei Kindern ist das nicht anders. Auch sie halten schlechte Gefühle und Stimmungen wie Trauer und Unsicherheit besser aus, wenn sie sich an angstmindernden Ritualen festhalten können. Oft entwickeln Kinder dabei ihre ganz eigenen Gewohnheiten, wie nicht auf die Ritzen im Gehweg zu treten oder einen Ball hundertmal an die Wand zu werfen und wieder aufzufangen, um sich etwas zu trauen.

Abstand gewinnen und Ruhe finden

Auch bei Alpträumen können familieneigene Zeremonien helfen, solange sie zum Weltverständnis und zur Situation des Kindes passen. Das kann eine Gute-Nacht-Geschichte sein, die jeden Abend vorgelesen wird, oder ein Schlaflied, das zusammen gesungen wird. Auch „Beschwörungsriten" helfen über Beklemmungen und die Angst vor der Dunkelheit hinweg. Schreiben Sie beispielsweise auf einen Zettel, was dem Kind Furcht einflößt, und zerreißen oder verbrennen Sie diesen dann feierlich. Sie können auch gemeinsam eine Kerze anzünden, einen Zauberspruch sprechen oder gegen die Angst ansingen.

Rituale gegen die Angst

○ Eine Geschichte erzählen
○ Eine Kerze anzünden
○ Beschwörungsformeln aufsagen
○ Ein Lied singen
○ Ein Monsterbild malen
○ Einen kraftspendenden Talisman benutzen

Wenn Hexen schlafen

Hexen haben Hexenbesen,
Damit sind sie aus gewesen.
Sind damit herumgeflogen,
Sind damit umhergezogen.

Hexen machen Hexenstreiche,
Immer ist es doch das Gleiche.
Fliegen sie mal über allen,
Lassen sie gern Joghurt fallen.
Hexen haben Hexenbesen,
Damit sind sie ausgewesen.
Jetzt steh'n Besen in den Ecken,
Dürfen Hexen jetzt nicht wecken.

Hexen träumen Hexenträume,
Besen steh'n in Besenräumen.
Beide sind sie tief im Schlaf,
Beide sind sie endlich brav ...

Gemeinsam haben alle Rituale ein Ziel: Sie sollen den Kindern helfen, Abstand zu einer schwierigen Situation zu gewinnen.

Sie erreichen dies, indem sie ablenken und Momente der Ruhe schaffen.

Das Nachtgespenst

Es war einmal ein Nachtgespenst
In einer alten Kiste.
Das hauste dort schon ziemlich lang.
Seit wann? Wenn man das wüßte!

Doch nachts um zwölf – mit
    Glockenschlag,
Da steigt's aus seinem Lager.
Es spukt dann hin – und spukt dann her,
Doch klingt das ziemlich mager.

Und kommt jemand zu später Stund'
Dorthin mit Lampenschein.
Da versteckt es sich ganz schnell
Und macht sich winzig klein.

Es fürchtet sich vor viel Geräusch,
Es ängstigt sich vor Lichtern.
Es ist zu klein, es ist zu zart
Und insgesamt zu schüchtern.

Doch einmal wollen Kinder tags
Mit dieser Kiste spielen.
Drum machen sie den Deckel auf,
Beginnen drin zu wühlen.

Das Nachtgespenst ist aufgewacht
Und hat sich sehr erschreckt.
Es zittert sehr und bibbert sehr
Und ruft: Ich bin entdeckt!

Da rufen sie: Erschreck uns mal,
Du mußt es nur probieren.
Es könnte sein, daß wir vor Angst
Sogleich am Rücken frieren.

Das Nachtgespenst hat es versucht,
Da tun sie ganz erschreckt.
Den Kindern ist nicht wirklich bang,
Sie haben's nur geneckt.

Und seitdem kann das Nachtgespenst
Ein bißchen besser spuken.
Und immer dann, wenn nachmittags
die Kinder nach ihm gucken

Dann tun sie so, als wär'n sie bang,
Doch sind sie es mitnichten.
Denn ihr Gespenst erzählt danach
So schöne Spukgeschichten.

Mitten in der Nacht – Außerordentliche „Probleme"

Der Nachtschreck –
Große Angst, kleine Ursache

Der Nachtschreck (lat.: Pavor nocturnus) erschreckt die Eltern oft am meisten: Die Kinder sitzen oder stehen nach einem markerschütternden Schrei in ihrem Bett, keuchen oder murmeln etwas, schwitzen und starren ins Leere. Wollen die Eltern helfen, schlagen die Kinder oft um sich und lassen sich nicht beruhigen. Und tatsächlich: Beim Nachtschreck können Sie nichts für Ihr Kind tun, außer still und stumm neben ihm zu sitzen. **Machen Sie sich keine Sorgen! Ihr Kind ist lediglich in einer Tiefschlafphase „steckengeblieben" und kommt da ganz von selbst wieder heraus.** Es kann bis zu 20 Minuten dauern, bis sich ein Kind von dem Schreckerlebnis beruhigt. In der Regel schläft es dann einfach weiter und kann sich am nächsten Morgen an nichts mehr erinnern. Was genau der Grund für den Nachtschreck ist, wird immer ein Geheimnis bleiben – denn unser Erinnerungsvermögen im Tiefschlaf ist gleich Null. Bis zur Pubertät besteht kein Grund zur Sorge, auch wenn sich „Pavor-Kinder" tagsüber manchmal besonders ängstlich zeigen. Erschrecken sollten vor allem die Eltern nicht – **Ruhe bewahren heißt die Devise, um den Nachtschreck folgenlos vorüberziehen zu lassen. Er kann Ihrem Kind nicht schaden!**

Schlafwandeln – Auf sicheren Pfaden

Schlafwandeln beginnt im Tiefschlaf und kann sehr unterschiedlich ablaufen.

Manchmal setzt sich der Schläfer nur kurz auf, murmelt etwas vor sich hin und schläft normal weiter. Dauert die Phase länger, steht er in der Regel auf und zieht sich sogar an. Sein Blick ist starr und leer. Schlafwandler sind aber durchaus ansprechbar und antworten sogar hin und wieder knapp und unbeteiligt. Sie sind fügsam, lassen sich ins Bett zurückbringen und wissen am nächsten Morgen von nichts mehr. Es sei denn, sie wachen in der Badewanne auf. Machen Sie Ihrem Kind keine Angst und sagen Sie ihm am besten nicht, daß Sie es in einer heiklen Situation gefunden haben. Es kann diese Situation auch das nächste Mal nicht bewußt beeinflussen, bekommt aber Angst vor dem Einschlafen und davor, daß es wieder passiert. Schlafwandler tauchen oft gehäuft in einer Familie auf, deshalb wird vermutet, daß diese Veranlagung erblich ist. Allerdings sind es sehr selten Verwandte ersten Grades. Ganz typisch ist das Schlafwandeln zwischen Grundschulalter und Pubertät. Eine Erklärung wäre, daß das Seelenleben und die Psyche reifen und sich auf Verantwortung vorbereiten. Überschüssige Energie macht sich im Schlafwandeln bemerkbar und ist vom Bewußtsein klar abgesetzt. Manche „schlafwandeln" auch noch nach der Pubertät, und zwar tatsächlich meist bei Vollmond. Das ist kein Märchen – und nicht umsonst nennt man diese Menschen „mondsüchtig".
Aber keine Sorge: Kinder, die schlafwandeln, haben keine Probleme. Sie sind

völlig normal und müssen in der Regel nicht behandelt werden.

Um ihre Kinder vor Verletzungen zu bewahren, sollten Eltern trotzdem immer darauf achten, daß

○ die Haustüre verschlossen ist,
○ Fenster nicht offenstehen und mit einer Kindersicherung versehen sind,
○ steile Treppen mit einem Gitter geschützt sind,
○ das Badewasser nie in der Wanne bleibt.

Bettnässen ist keine Schande

Bettnässen ist sicherlich keine Schande, aber manchmal ein Grund zur genaueren Ursachenforschung. Wieder einmal legen Statistiker das Alter fest, ab dem ein Kind nachts „trocken" sein sollte: nach Vollendung des vierten Lebensjahres. Danach wird das nächtliche Einnässen (lat.: Enuresis nocturna) von Schlafmedizinern zu den Schlafstörungen gerechnet, aber noch rund 30 Prozent der Kinder kommen an ihrem vierten Geburtstag nicht trockenen Pos durch die Nacht.

So genau sollte man es also nicht nehmen. Und vor allen Dingen sollten sich Eltern nicht verrückt machen, wenn es auch mit fünf Jahren noch nicht so ganz klappt und immer wieder etwas danebengeht. Manche Kinder brauchen einfach ein bißchen länger, um ihre Blasenfülle zu kontrollieren, und jedes Kind entwickelt sich unterschiedlich.

Organische Ursachen sollten bei häufigem Einnässen aber ausgeschlossen werden. Mit einer einfachen Ultraschalluntersuchung kann der Kinderarzt oft schon Fehlbildungen der Niere oder der Harnblase erkennen. Harnweginfekte können durch eine Urinuntersuchung ebenfalls ausgeschlossen werden.

Spätestens ab dem siebten Lebensjahr sollten psychische Ursachen, wie beispielsweise Ängste oder großer Leistungsdruck, ernsthaft in Betracht gezogen werden, aber deshalb keineswegs dramatisiert werden. Vor allem, wenn das Kind bereits vorübergehend „trocken" war. Das Kind ist dann zwar noch lange kein Fall für die „Kinderpsychiatrie", aber eine ordentliche Diagnose und eine sinnvolle Ursachenbekämpfung können ihm – und den Eltern – helfen. Scheuen Sie sich nicht, professionelle Hilfe anzunehmen, um ein eventuelles Problem zu erkennen. Aus unserer Sicht ist eine tiefenpsychologisch orientierte Praxis, zum Beispiel mit einer Spieltherapie zur Ursachenforschung, empfehlenswert. Die vielgepriesene und verordnete Verhaltenstherapie, bei der das Verhalten lediglich umtrainiert, die Ursache aber ignoriert wird, macht dagegen wenig Sinn.

Tip

Schimpfen Sie nie mit Ihrem Kind, weil es ins Bett gemacht hat! Freuen Sie sich über die Nächte, die es „geschafft" hat, und zeigen Sie ihm Ihre Freude. Wenn Sie Zweifel haben, fragen Sie Ihren Kinderarzt – aber lassen Sie sich nicht noch mehr verunsichern. Auch im Grundschulalter nässen manche Kinder noch ohne schwerwiegende Gründe ein. Wie leicht das passiert, weiß jeder Erwachsene, der einmal geträumt hat, er säße auf dem Klo ...

Kindlein mein, schlaf doch ein –
Wenn Streß und Angst den Schlaf vertreiben

Angst vor der Schule

Die Uhr dreht sich schneller, auch für Kinder: Spätestens mit Beginn der Schulzeit beginnt für sie oftmals der „klassische Streß: Leistungsdruck, Hektik, Ängste ... Der Schlaf aber bleibt dann häufig auf der Strecke.

Neue statistische Erhebungen ergaben: Grundschulkinder schlafen an Schultagen ein bis zwei Stunden weniger als an Wochenenden oder in der Ferienzeit, ungefähr zehn Stunden Schlaf am Tag aber benötigen sie in der Regel. Kinder brauchen ausreichenden Schlaf, weil sie noch besonders viel träumen, haben sie doch tatsächlich viel zu „verdauen". Können sie nicht einschlafen, ist das für die Kinder nicht nur belastend, sondern ihnen fehlt

de facto die nötige Schlafenszeit: die Tiefschlafphasen zur Erholung, die Traumphasen, um die zahlreichen Anforderungen an sie zu verarbeiten.

Wer allerdings annimmt, Kinder müßten besonders viel schlafen, um den ganzen Streß verarbeiten zu können, der irrt. Gerade dieser Streß läßt sie nicht einschlafen. Deshalb muß die Devise lauten: **Nicht die Symptome, sondern die Ursachen sind in dieser Spirale zu bekämpfen.**

Zwischen Fördern und Überfordern

Für viele Eltern steht schon bei der Geburt ihres Kindes so gut wie fest, daß es später das Gymnasium besuchen wird. Dies ist verständlich, denn Eltern wollen ihren Kindern eine optimale Ausbildung zukommen lassen, um ihnen die „besten" Chancen offenzulassen. Entscheidend bei der Förderung unserer Kinder aber ist die Frage, was für unser Kind wirklich gut ist: Was kann unser Kind, was will es „leisten" und lernen? Und wie fördern wir unser Kind, ohne es zu überfordern? Jedes Kind will von seinen Eltern geliebt werden und deren Erwartungen entsprechend etwas leisten. Sind die Erwartungen aber zu hoch geschraubt, entsteht Streß. Verlangen wir zuviel, wird der erste Schultag möglicherweise zu einem Alptraum für unser Kind. Statt Ängste zu schüren, sollten Eltern den Kindern Lust auf die Schule machen – auf die vielen neuen Freunde, die gemeinsamen Mal- und Bastelstunden … – und ihnen eine sinnvolle Begleitung sein: ohne Leistungsdruck und mit viel Einfühlungsvermögen und liebevoller Unterstützung.

Lernschwächen akzeptieren

Es gibt keine von Natur aus faulen Kinder! Läßt man die Kinder und gibt man ihnen die nötigen Anreize, dann wollen alle Kinder lernen – so viel und so gut, wie sie eben können. Dem einen geht es leicht von der Hand oder besser, in den Kopf, der andere steht vor einer stabilen Wand und kommt nicht durch. Diese Kinder sind keine Versager – sie lernen einfach schwerer. Und den Eltern bleibt keine andere Chance, als das zu akzeptieren. Sicher kann man Lernschwächen wie Legasthenie sinnvoll therapieren und den Kindern helfen, weil sie selbst unter diesen Schwächen leiden. **Am wichtigsten aber ist es, Kindern den Rücken zu stärken. Haben Sie Vertrauen in Ihr Kind: Es wird seinen Weg finden.** Mit diesem Vertrauen im Schulranzen wird es sich schon viel leichter tun. Es wird seine Nischen finden, in denen es erfolgreich sein kann.

Kontrolle ist gut, Vertrauen ist besser

Nicht nur die Ausbildung ist eine Garantie für eine erfolgreiche, sinnerfüllte Berufslaufbahn. Eher noch der eigene Wille, die eigene Lust, etwas zu wagen und auszuprobieren, lebenslange Lernbereitschaft und Flexibilität. Diese Fähigkeiten fördern Sie am besten, indem Sie Ihren Kindern Raum und Zeit für ganz eigene Aktivitä-

ten lassen. Sicherlich meinen wir es gut mit unserer Förderung – der musikalischen Früherziehung, dem Ballettunterricht … –, schließlich kennen wir die Leistungsgesellschaft. Nur welchen Stellenwert wir ihr geben, das bestimmen immer noch wir selbst. **Vertrauen Sie Ihrem Kind, es wird das Beste für sich aussuchen. Geben Sie ihm ein ehrliches und wenn möglich vielseitiges Vorbild.** Soll Ihr Kind zum Beispiel musizieren, tun Sie es selbst auch. Ihr Kind wird sich dann von alleine für das richtige Instrument begeistern.

Tips

○ Interessieren Sie sich für jeden noch so kleinen Fortschritt – und den gibt es immer.

○ Staunen Sie ruhig über die Fähigkeiten Ihres Kindes – es müssen keine Meisterleistungen sein.

○ Interessieren Sie sich für seine Hausaufgaben, aber helfen Sie ihm nur, eigene Lösungen zu finden.

○ Lassen Sie Ihr Kind auch bei Problemen in der Klasse, mit den Lehrern, selber Lösungsvorschläge machen. Nehmen Sie nicht gleich alles selbst in die Hand.

○ Werden Sie aktiv, wenn die Lehrerin zum Beispiel zwischen guten und schlechten Schülern unterscheidet. Reden Sie mit ihr ruhig darüber!

○ Jedes Kind will lernen! Wenn Sie darauf vertrauen und Ihr Kind Sie sicher in der Rückendeckung hat, lösen sich viele Schulängste fast von selbst.

Schlaflos in der Stille – Und keiner hat's gemerkt

Brave Kinder leiden einsam

Kinder, die schon länger unter Schlafdefiziten leiden, werden laut und aggressiv, weil sie dauermüde sind und sich nicht mehr konzentrieren können. Sie leiden unter Schlafentzug schlicht an den gleichen drastischen Symptomen wie Erwachsene – bis hin zu Depressionen. Bis es soweit kommt, bemerken es die Eltern oftmals kaum. Denn es sind nicht die Rambos, Revoluzzer und Draufgänger des Tages, die sich in ihren Betten hin und her wälzen. Solche Kinder haben am Tag alles in die Welt hinausgebrüllt und keinen „Restmüll" übrig behalten. Es sind die leisen, die stillen, die sogenannten „braven" Kinder, die sich unruhig von einer Seite auf die andere drehen. Diese Kinder schreien nicht lautstark nach Unterstützung: „Mama, ich kann nicht einschlafen! Hilf mir!" Sie werden auch nicht mürrisch und mucken nicht auf – sie jammern höchstens still in ihre Bettdecke hinein.

„Stille" Einschlafstörungen

Spätestens wenn die ersten Schlafdefizite sichtbar werden, müssen Sie handeln. Denken Sie aber um Himmels Willen nicht: „Oh je, mein Kind ist nicht normal." Fangen Sie an, ohne schlechtes Gewissen, aber mit dem besten Willen etwas zu ändern. So helfen Sie Ihrem Kind am ehesten. **Nur an den Symptomen darf man bei diesen Einschlafstörungen nicht alleine „herumdoktern". Die Ursache, und die kann leider vielfältig sein, muß beseitigt werden, um den Weg in eine entspannte Nacht wieder freizuräumen.** Um sich Gewißheit zu verschaffen, schauen Sie abends nach dem Zubettgehen ein paarmal bei Ihrem Kind hinein. Nur sollte es nie das Gefühl haben, Sie wollten es kontrollieren. Die Kinder könnten dann unter den Druck geraten, nur so zu tun, als ob sie schlafen. Wenn sich Ihre Befürchtung bestätigt, sollten Sie mit Ihrem Kind darüber reden. Falls die Ursache nicht geklärt werden kann – oftmals können Kinder den Grund nicht klar benennen –, scheuen Sie sich nicht, professionelle Hilfe anzunehmen. Sicherlich, der Schritt zu einem Kinder- und Jugend-Psychologen fällt manchmal schwer. „Was haben wir nur falsch gemacht?" werden sich viele Eltern fragen. Überlegen Sie statt dessen lieber, was Sie in Zukunft besser machen könnten. Ihr Kind ist deshalb noch lange nicht „gestört": Es hat Probleme, sehr wahrscheinlich sogar haben Sie gemeinsame Probleme – und die können Sie auch gemeinsam lösen.

Wenn Eintönigkeit Streß bereitet

Während Streß, wie auch wir Erwachsene ihn kennen, oft der Auslöser ist, kann auch das Gegenteil eine Ursache der Einschlafstörung sein. Weil alles in unserem modernen Leben gut durchstrukturiert und organisiert ist, fehlen dem Kind am Tag „heftige" seelische Erlebnisse, in denen es sich ausleben und beweisen kann. Solche Erlebnisse können wir den Kindern nicht künstlich bieten, beispielsweise in einem Freizeitpark. Es muß sie selber finden: der Streit mit Freunden auf dem Schulweg; der hohe Baum, von dem es fast heruntergefallen wäre; der wilde Spaziergang mit Nachbars Hund

durch das herrlich riechende Gras ... Paradox, aber wahr: Kinder empfinden auch Streß, wenn sie ihren Alltagsablauf als „fade" erleben – wenn alles seine Ordnung und vor allem „Sinn" hat, wenn Eltern immer für alles eine Begründung und einen genauen Stundenplan haben und das Kind es nun einmal stillschweigend mitmacht. Kinder brauchen Freiräume, in denen sie selbst etwas erleben – was sie wollen und ohne, daß ein Erwachsener mitmischt. Für einige allerdings bedeutet es Elternglück, wenn das Kind in einem straff durchorganisierten Kinderalltag „pariert". Und der Beweis ist: Es macht ja willig mit.

Tips für einen sinnerfüllten Kinderalltag

○ Lassen Sie Ihrem Kind „Leine" – so viel wie möglich. Je mehr Freiheit es genießt, desto mehr schafft es aus eigenem Antrieb.

○ Lassen Sie Ihrem Kind die Möglichkeit, selbst etwas zu erleben. Dazu müssen Sie kein Event-Manager werden, ganz im Gegenteil. Freiräume, eigene Räume, fangen auf dem Schulweg an. Lassen Sie Ihr Kind lieber mit Freunden zu Fuß gehen oder mit dem Fahrrad zur Schule fahren. Dann hat es schon vor Schulbeginn die nötige Bewegung, Gespräche, Spaß, aber auch Zoff mit Freunden. Es hat schon etwas erlebt, bevor es einige Stunden im Klassenzimmer stillsitzen muß. Natürlich kennt auch dieser Vorschlag Ausnah-

men: Kein Mensch verbietet Ihnen, Ihr Kind zur Schule zu fahren, wenn es Hunde und Katzen regnet.

○ Schaffen Sie Ihrem Kind ein eigenes Reich, in dem es beispielsweise für ein Haustier Verantwortung übernimmt, das dann auch ihm gehört. Ein Haustier kann ein Freund an seiner Seite sein, mit dem es eine wirklich sinnerfüllte Zeit erleben kann. In der Großstadt muß es kein Hund sein, es reicht ein Kaninchen oder Meerschweinchen. Sicher sollten Sie diese Entscheidung nicht leichtfertig treffen, die Tierheime sind voll genug. Aber die Idee ist mehr als nur einen kurzen Gedanken wert. Es gibt gute Bücher, welches Tier das richtige für Ihr Kind ist. Die Hauptverantwortung tragen letztendlich natürlich die Eltern, aber lassen Sie Ihr Kind erst einmal machen ...

Kinder brauchen Inseln – Auch im Terminkalender

Den Willen des Kindes ernst nehmen
Betrachten wir die Wünsche unserer Kinder, gibt es einige ernste Fragen, die sich alle Eltern stellen sollten: Will Ihr Kind jeden Freitag in die Klavier-Stunde, am Dienstag zum Flöten und am Mittwoch zum Karate-Kurs? Oder wollen in Wirklichkeit Sie das? Eine grobe Schätzung läßt vermuten, daß weit über die Hälfte aller Musikschulen dicht machen könnte, wenn nur noch die Schüler kämen, die auch selber wollten. Aber: Was ein Kind nicht will, tut ihm niemals gut!
Sicherlich sollten Kinder nicht aus einer kurzen Laune heraus alles hinschmeißen. Auch hier finden Sie gemeinsam Kompromisse. Nehmen Sie Ihr Kind ernst und fragen Sie es nach möglichen Alternativen. Vielleicht will es ja auf die Musikschule und hat nur das falsche Instrument. Vielleicht will es wirklich tanzen, aber Jazzdance gefällt ihm viel besser. **Angebote können Sie Ihrem Kind jederzeit machen, es kann auch durchaus etwas ausprobieren, doch setzen Sie es auch nicht unterbewußt unter Druck. Kinder spüren sehr schnell, was man von ihnen erwartet, und liegen im schlimmsten Fall** abends schlaflos in ihren Betten.
Wenn Sie Ihr Kind fördern wollen, dann fördern Sie seinen Willen – ganz einfach, indem er bei Ihnen eine Chance bekommt. Nehmen Sie den Willen Ihres Kindes ernst, denn seinen Willen braucht es das ganze Leben lang. Nur wer aus eigenem Willen Klavier spielt, wird es in späteren Jahren mit Freude tun. Abertausende von verstaubten Klavieren in der Wohnzimmerecke zeugen von anderen Schicksalen und manchen Kindertränen.

„Freizeit" von den Eltern
Um Leistungsdruck und Streß bei Kindern zu verhindern, gibt es eine Minimal-Faustregel: Mindestens ein Nachmittag in der Woche ist „frei". Das heißt, Ihr Kind bestimmt selbst, was es an diesem Tag machen möchte. „Verplant" es seinen Tag schon eine Woche im voraus, um sich beispielsweise mit Freunden zu treffen, um so besser. Grundsätzlich gilt: Keiner redet ihm an diesem Mittag rein! Es kann sich zurückziehen, wenn es will, es kann aber auch Zuwendung suchen – dann sollten Sie für Ihr Kind da sein.
Ohren und Augen auf – so könnte die zweite Faustregel lauten. Zwischen all Ihren Terminen bemerken Sie vielleicht gar nicht, wie es Ihrem Kind wirklich geht. Die Zeit, die Sie Ihrem Kind entgegenbringen, bemißt sich nicht an der Quantität, sondern der Qualität. Haben Sie Interesse an dem, was Ihr Kind tut, denkt und fühlt – haben Sie Respekt vor seiner „Leistung", die es in allen Lebens-

lagen erbringt – trauen Sie ihm zu, die meisten Dinge erst einmal alleine zu regeln, natürlich mit der nötigen Rückendeckung.

Freiräume – mit Regeln und Grenzen

„Das kannst Du doch eh nicht!" – diesen Satz sollten alle Eltern aus ihrem Vokabular streichen. Lassen Sie es Ihre Kinder doch erst einmal versuchen. Eine Studie an der Universität Magdeburg hat erst jüngst ergeben, daß Kinder ihr Verhältnis zu den Eltern ganz anders beschreiben als die Eltern selbst. Diese sind meist überzeugt davon, daß sie ihre Kinder so gut als möglich unterstützt haben. Die Kinder hingegen erinnern sich meist an Schimpfe, Grenzen und Verbote. Bestätigt wurde auch, daß sich Kinder um so selbständiger und selbstsicherer entwickeln, je weniger Verbote, Zurechtweisungen und Bestrafungen sie hinnehmen müssen. Je freier sie sich mit einem festen Rückhalt in der Familie entwickeln können, um so besser – selbstverständlich mit den nötigen vorgelebten Anregungen, mit Regeln und Grenzen.

Tips

○ Mindestens ein Nachmittag in der Woche ist frei: Das Kind kann alleine bestimmen und planen, was es machen möchte. Eltern halten sich raus!

○ Planen Sie eine Stunde pro Tag ein, in der sich Ihr Kind austoben und richtig Krach machen darf. Denn Kinder dürfen auch laut sein. Das Leben mit Kindern ist einfach nicht leise! Wenn wir uns das klar machen und unsere Kinder nicht mehr vom ersten Moment zur Ruhe ermahnen, würden Schlafstörungen in jedem Alter kaum noch auftreten.

○ Schaffen Sie Ihrem Kind Inseln, über die es selbst bestimmen darf: der Garten, der Hof, sein Zimmer, sein Haustier. Lassen sie es selbst wählen, aber geben Sie ihm Rückendeckung, wenn etwa uneinsichtige Nachbarn schimpfen. Allerdings nicht sofort: Vielleicht löst Ihr Kind den Konflikt ja selbst.

Sucht es bei Ihnen Hilfe, vertreten Sie als sein Anwalt seine Interessen und versuchen Sie gemeinsam, eine Kompromißlösung zu finden.

○ Lassen Sie Ihre Kinder selbständig Aufgaben übernehmen, auch wenn es etwas länger dauert.

○ Inseln sind überall – auch an Orten, die eigentlich kein ausgewiesener „Spielplatz" für Kinder sind, etwa Restaurants oder Geschäfte. Und sollte wirklich mal etwas zu Bruch gehen, wozu sind wir gegen alles versichert? Übrigens, nur Kinder, die nie etwas dürfen, reagieren ihre Energien ziellos und ungezügelt ab.

○ Überlegen Sie erst einmal, bevor Sie „Nein" sagen. So macht eine „Tages-Nein-Liste" durchaus Sinn. Machen Sie nur einen Tag lang eine Strichliste, wie oft Sie „Ja" und wie oft Sie „Nein" gesagt haben. Und denken Sie nur einen Tag lang darüber nach, wie oft ein „Nein" wirklich sinnvoll und nötig war.

Zwischen Wiege und Ehebett –
Wo schläft Ihr Kind am besten?

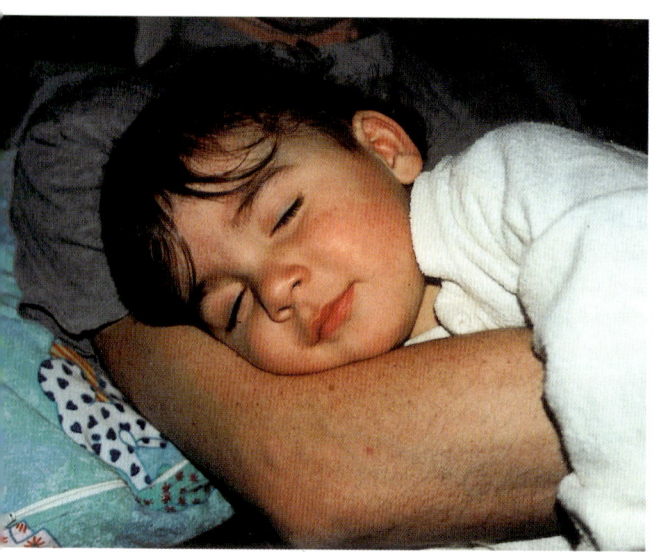

Das „Familienbett" – Eine Lösung zwischen den Fronten?

Kinder im Familienbett kennen keine außergewöhnlichen Schlafstörungen. Die Eltern sind immer in ihrer Reichweite, besonders bei Alpträumen. Große Ängste kommen gar nicht erst auf. Doch: Wenn alle unter einer Decke stecken, kann das gut gehen? Schließlich ist doch in fast jedem Ratgeber nachzulesen, daß das Familienbett nur im Notfall „erlaubt" sei, und manch ein Kinderarzt bestätigt dies. Warum wir uns aber derart gegen die gemeinsame Schlafkultur wehren, darüber machen wir uns kaum Gedanken. Früher

einmal war es ganz normal zusammenzurücken, über ein Jahrhundert hinweg aber haben wir unsere modernen Bedürfnisse entdeckt: Wir Eltern brauchen unseren Feierabend, unsere Intimsphäre. Ein Kind, so die unerschütterliche Meinung vieler, braucht ein eigenes Bett. Und doch schummeln sich viele Kinder immer wieder irgendwie ins Elternbett. Zu recht: **Kinder, die sich nachts zu ihren Eltern ins Bett legen, sollten das auch dürfen. Sie brauchen in diesem Moment die Nähe von Vater und Mutter.**

Aber sollen Kinder immer bei ihren Eltern im Bett schlafen? Natürlich müssen sich alle Familienmitglieder mit diesem Gedanken anfreunden können, aber man sollte ihn nicht aufgrund eines schnell gefaßten Gegenarguments wieder fallen lassen. Es gilt, Pro und Contra abzuwägen. **Vielleicht leuchten Ihnen die Argumente für das Familienbett ein. Doch Achtung, wenn nicht, ist das Ihr gutes Recht. Dann sollten Sie es auch nicht gegen Ihre eigene Überzeugung versuchen.** Wenn Sie es nur „fürs Kind" tun, erreichen Sie genau das Gegenteil. Dann werden Sie ein halbes Jahr aushalten und irgendwann über einen Kinderfuß auf Ihrer Nase so sauer sein, daß Sie Ihrer Familienharmonie eher schaden und Ihr Kind abrupt ins Kinderzimmer verfrachten.

Contra:	Pro:
„Wir wollen ein Stück unserer Intimsphäre bewahren."	Die Intimsphäre, also auch eine gut funktionierende Paarbeziehung, festigt sich nicht nachts, während wir schlafen. Wer damit aber die fünf Minuten Kuscheln meint oder das gemeinsame Gespräch, um den Tag abzuschließen, sollte es einfach trotzdem tun. Ihr Kind wird nicht aufwachen, und wenn, dann wird es sehen: „Aha, Mama und Papa sind da", wird sich umdrehen und weiterschlafen. Die Qualität Ihrer Intimsphäre bestimmen Sie an anderer Stelle: indem Sie sich als Paar nicht vergessen, Ihre Paarbeziehung festigen und keine Angst mehr haben müssen, das Kind sei ein Eindringling.
„Ich brauche meine Ruhe im Bett."	Es gibt tatsächlich solche ruhebedürftigen Schläfer. Vielleicht ist es ja nur ein Elternteil: Dann schlafen die Kinder eben auf der anderen Seite.
„Das wird doch viel zu eng."	Mit etwas Phantasie tricksen Sie die eingefahrene Möbelindustrie aus: Bauen Sie an Ihr Bett doch eine Kindernische an. Wenn Sie es wünschen, baut Ihnen jeder Schreiner auch ein Drei-Meter-Bett.
„Die Kinder haben keine Chance, selbständig zu werden."	Nur wenn sie sich der Sicherheit ihrer Eltern gewiß sind, wagen sich Kinder alleine hinaus in die Welt. Eine größere Sicherheit können Sie Ihren Kindern nachts nicht geben. Und das sind die Beine, auf denen sie tagsüber stehen – und gehen!
„Kinder schlafen nicht so gut im Familienbett."	Kinder wachen öfters auf, auch im eigenen Bett. Dort allerdings kriegen die Eltern es nur nicht mit. Schlafdefizite im Familienbett sind unbekannt. Schlafstörungen gibt es so gut wie keine, bereits erworbene regeln sich wie von selbst.
„Einmal im Bett, immer im Bett."	Kinder, die sich in der Sicherheit ihrer Eltern wiegen, ziehen in der Regel von alleine aus. Meist mit zwei bis vier Jahren, spätestens bis zum Grundschulalter. Achtung: Dann allerdings darf man sie auch nicht zurückhalten!
„Wir haben unseren Feierabend verdient – irgendwann muß Schluß sein."	Natürlich haben Sie immer noch ein eigenes Leben, lernen Sie aber, sich auch tagsüber abzugrenzen. Funktionieren Sie den ganzen Tag als Animateur, haben Sie selbstverständlich nach acht Stunden genug. Kinder sind kein zu beschäftigender Störfaktor, sie gehören einfach dazu – nicht mehr, aber auch nicht weniger.

Harmonie im Familienbett – Tips für die gemeinsame Nacht

Ein Bett – viele Schläfer

Wenn sich die gesamte Familie einstimmig für das gemeinsame Bett entschieden hat, gilt es, die richtigen Voraussetzungen zu schaffen – damit alle Beteiligten wirklich gut schlafen.

Es fängt beim Bett an. Anfangs mag die 1,40 Meter breite Matratze zwar noch ausreichen, spätestens wenn der Nachwuchs aber etwas reger wird, ist ein großes Bett kein Luxus mehr, sondern eine Notwendigkeit für den gemeinsamen Genuß. Schieben Sie die „Kinderseite" an die Wand, damit die Kinder nicht herausfallen können. Wenn Sie sowieso ein neues Bett kaufen, nehmen Sie ein niedriges, denn jedes Kind fällt irgendwann einmal aus dem Bett, und wenn es nur beim Toben ist. Falls Sie wild entschlossen sind, es mit dem Familienbett zu versuchen, dann lassen Sie sich am besten eines mit Übergröße beim Schreiner anfertigen. Oder Sie „bauen an": Findige Eltern wählen oft den Kompromiß und bauen zwischen Wand und Bett eine eigene „Schlafkuhle" für das Kind. Aber auch, wenn Sie ein Bett mit normalen Maßen haben, brauchen Sie sich keine Sorgen zu machen: Sie werden Ihr Kind nicht erdrücken. Vorsicht allerdings ist bei Wasserbetten angesagt: Babys liegen auf solchen großen beweglichen Unterlagen gefährlich.

Kinder an unserer Seite – nicht mittendrin

Zur Schlafordnung im gemeinsamen Bett gilt nur eine Regel: Die Kinder sollten nicht in der Mitte des Bettes schlafen.

Natürlich gibt es auch hier Ausnahmen: Es darf schon mal sein, aber das Kind „zwischen" den Eltern sollte nicht zur Gewohnheit werden.

Auch beim Familienbett steht die Paarbeziehung weiterhin im Vordergrund und ist die Basis der Familie.

Schlafen die Kinder in der Mitte, sind Kuscheleinheiten unter Eltern oft unmöglich. Unbewußt stellen Kinder die Paarbeziehung ihrer Eltern immer auf die Probe. Sie wollen uns tatsächlich ein Stück weit „auseinanderbringen" – aber nur, um sich selbst zu beweisen, daß sie es nicht schaffen, daß diese Beziehung unverrückbar auf einem Granitfundament steht. Dies ist mit der Faustregel „Kinder an die Seite" immer ausgeschlossen. Für die Kinder ist dies ebenfalls die beste Lösung, schließlich wollen sie dabeisein und nicht dazwischen stehen bzw. liegen.

Am Anfang werden die Ängste, vor allem der Männer, vor dem Familienbett besonders groß sein. Schließlich haben sie die Partnerin (anscheinend) bereits ein Stück weit an die Mutterrolle und das kleine Kind verloren. Das als natürliche und endliche Phase zu akzeptieren und zu erleben, gelingt vielen erst beim dritten oder vierten Kind. Jetzt soll auch noch der „Rivale" mit ins Bett. Auch hier wird der psychologische Sprengstoff entschärft, wenn das Kind nicht in der Mitte schläft. Die Eltern können ja die Schlafseiten wechseln, wenn beide in den Genuß kommen wollen, neben dem kleinen Wesen zu schlafen. Stört es einen der beiden Partner, ist diese Lösung ebenfalls ein guter Kompromiß, denn er wird die Anwesenheit des „Dritten im Bunde" kaum bemerken.

Mucksmäuschenstill im Dunkeln? – Das muß nicht sein

Selbst wenn alle in einem Bett liegen, müssen Sie noch lange nicht auf Ihre liebgewonnenen Gewohnheiten am Feierabend verzichten. Keiner verlangt von Ihnen, sich täglich in den frühen Abendstunden mit den Kindern ins Bett zu legen, Ihre Bettlektüre zu vernachlässigen oder sie gar ganz aufzugeben. Schränken Sie sich im Familienbett gar nicht so sehr ein! Immer bei Dunkelheit, mucksmäuschenstill ins Bett schleichen? Alles unnötig! Licht und andere Aktivitäten stören Kinder nicht. Selbst wenn sie kurz aufwachen, schlafen sie in der Regel gleich wieder ein – spätestens, wenn Sie selbst auch im Bett liegen. Tun Sie einfach alles so wie vorher auch. Einer Unterhaltung und einem friedlichen Ausklang des Tages steht wirklich nichts im Wege. Klar, daß Streitgespräche oder große Problembesprechungen nicht an diesen Platz gehören – aber das gilt immer, ganz egal ob mit oder ohne Kind.

Gleiches Recht für alle

Grundsätzlich gilt: Die Eltern sollten zu ihrem Recht im gemeinsamen Bett kommen – die Kinder aber auch. Entscheidend ist, ob das Kind von alleine ins Bett der Eltern kommt, beziehungsweise, ob es auch ins eigene Bett im Kinderzimmer gelassen wird, wenn es das wünscht. Im Normalfall profitieren beide Seiten von der Familienbett-Lösung. Die Eltern müssen jedoch stets sensibel dafür bleiben, wann das Kind gehen will, und es auch gehen lassen können.

Der richtige Absprung ins Kinderzimmer – Überzeugungsarbeit leicht gemacht

Wann es mit der „Nestwärme" reicht, entscheiden meist die Kinder ganz von selbst und fordern ihren eigenen Schlafplatz ein. Sie wollen nicht so lange warten? Auch von Elternseite aus betrachtet ist die Sehnsucht nach mehr Platz im Schlafzimmer nach ein paar Jahren durchaus legitim. Die Motivation für die Kinder „auszuziehen", läßt sich dann sanft unterstützen.

Ein offenes Gespräch hilft weiter

Es ist viel einfacher, als manche denken, denn selbst mit Kindern im Alter von drei bis vier Jahren kann man reden. Sie verstehen Argumente schon sehr gut und sind in der Lage, die Bedürfnisse der Eltern zu akzeptieren.
Wenn Sie wieder mehr Platz in Ihrem Bett haben wollen, aus welchen Gründen auch immer, dann sagen Sie es Ihrem Kind offen und ehrlich. Zum Beispiel: „Ich möchte mich in meinem Bett auch mal wieder ganz breit machen können, mich richtig strecken. Dann bin ich morgens richtig ausgeschlafen und hab' so richtig gute Laune!"
Ein ehrliches Wort hilft manchmal mehr als das größte Geschenk. Kinder sind oft sogar froh darüber, wenn Sie ihnen offen erklären, daß Sie lediglich mehr Platz im Bett brauchen. Bleibt dieser Wunsch unausgesprochen, beziehen die Kinder den elterlichen Unmut womöglich auf sich und fühlen sich in ihrer ganzen Person abgelehnt.

Klein, und doch schon groß – Verantwortung für Ihr Kind

Statt verlockender Geschenke und einem klaren Wort können Sie noch andere Anreize schaffen. Ihr Kind wird zum Beispiel Hasenpapa oder Hasenmama. Sicher will die Anschaffung eines Haustieres gut überlegt sein. Vor allen Dingen sollten Sie vorher sichergehen, daß Ihr Kind nicht unter einer Allergie leidet. Wenn Sie sich aber dazu entschlossen haben, bietet sich ein Zimmerwechsel idealerweise an, denn Ihr Kind hat jetzt eine eigene Aufgabe. Es paßt jetzt auf seine „Freunde" auf und läßt sie natürlich nicht alleine im Zimmer schlafen.
Auch wenn Sie einem vierjährigen Kind noch nicht die Alleinversorgung eines Haustieres aufbürden können, bewerkstelligt es das meiste – ohne Zwang – alleine, und das gibt ihm das Gefühl: „Ich bin groß." Verantwortung ist für das Kind keine Last, sondern Anerkennung. Es wird plötzlich bereitwillig von alleine entscheiden, in seinem eigenen Zimmer zu schlafen.

Wenn die Familie größer wird

Ein kompletter Umzug in eine neue Wohnung ist meist nicht der richtige Anlaß für den Wechsel ins Kinderzimmer. So viele neue Eindrücke prasseln auf ein Kind ein, daß es nachts die gewohnte Geborgenheit bei den Eltern besonders genießt. Auch Kinder, die eigentlich im eigenen Zimmer schlafen, kriechen dann gerne wieder unter die gemeinsame Decke.

Der neue Freund oder die neue Freundin sollte für Alleinerziehende ebenfalls kein Grund für die prompte Ausweisung der Kinder aus dem Schlafzimmer sein. Diese Reaktion ist nachvollziehbar, führt bei den Kindern letztendlich aber nur zu Eifersucht auf den „Eindringling" in der Familie. Langsam, aber sicher lautet auch hier die Devise.

Das gleiche gilt, wenn ein neues Geschwisterchen unterwegs ist. Oft wird ausgerechnet dann das große Kind ausquartiert, mit der Folge, daß es jetzt erst recht die Gunst seiner Eltern schwinden sieht. Sie leben also besser mit zwei Kindern im Bett oder quartieren sie irgendwann beide gemeinsam aus. Kinder schlafen übrigens zusammen viel besser als im Einzelzimmer. Wer also nicht zum großen Familienbett tendiert, sollte vielleicht lieber mit der Matratze ins Kinderzimmer wechseln, solange das kleine Geschwisterchen noch gestillt wird und nicht durchschlafen kann.

Zurück ins Elternschlafzimmer – Der Weg bleibt offen

Der Weg zurück ins Elternschlafzimmer sollte für Kinder stets offen bleiben. Wenn Sie einem Kind Vorschriften machen, steht es mit ziemlicher Sicherheit nach zwei Stunden vor Ihrem Bett, vor lauter Angst, dies eigentlich nicht zu dürfen. Genießt Ihr Kind hingegen die Sicherheit, immer einen Schlupfwinkel offen zu haben – für den Fall der Fälle –, wird es in der Regel schneller im eigenen Zimmer durchschlafen.

Selbstverständlich kommen auch Kinder, die schon immer im eigenen Zimmer schlafen, oft nachts zu den Eltern. Alp-

träume oder ein grundsätzliches Nähebedürfnis sind der Grund. **Kinder erschleichen sich die Nähe nie mit fadenscheinigen Gründen: Sie haben ihre Gründe.**

Wen der nächtliche Besuch stört, sollte keinen Machtkampf ausfechten. Ins eigene Bett zurücktragen, bringt in diesen Fällen nichts. Hier findet nur ein Kräftemessen statt, wer es länger durchhält. Werten Sie es vielmehr als Erfolg, wenn Ihr Kind den Fortschritt gemacht hat, alleine in seinem Zimmer einzuschlafen. Auch wenn es nachts trotzdem noch zu Ihnen kommt und bei Ihnen weiterschläft. Eines Morgens werden Sie ganz überrascht aufwachen und sich wundern, wo Ihr Kind geblieben ist. Das „Wunder" wird schneller passieren, als Sie denken.

Bonus-Punkte sind keine Lösung

Ein Punkte-System, bei dem es für jede Nacht im eigenen Bett einen Bonus-Punkt gibt, die am Ende der Woche wiederum in ein Geschenk eingetauscht werden, erscheint fragwürdig. Das Kind zieht dann nur wegen der Belohnung aus und nicht, weil es sich ein Stück Selbständigkeit erworben hat. Oftmals erleben Eltern mit solchen Tricks einen Boomerang-Effekt: Nach sieben klaglosen Nächten im Kinderzimmer liegt der Filius wieder bei Mama und Papa: Schließlich hat er das Feuerwehrauto bekommen – jetzt darf er endlich wieder kuscheln. Selbst der Feuerwehranhänger zieht dann nicht mehr.

Im Reich der Farben – So fühlen sich Kinder in ihrem Zimmer wohl

Das moderne Kinderzimmer – Hektik im Farbenmeer

Damit Ihr Kind bereitwillig aus dem Familienbett auszieht, muß es sich in seinem eigenen Zimmer wohl und geborgen fühlen. Sein Bett muß behaglich sein, das Kinderzimmer gemütlich und einladend. Und es sollte kindgerecht eingerichtet sein. Was aber heißt das eigentlich? Fragen Sie einen Teppichverkäufer, hält er ihnen mit ziemlicher Sicherheit den kreischend-roten Acrylteppich unter die Nase; wenden Sie sich vertrauensvoll an den Berater einer Tapetenabteilung rollt er mit großer Wahrscheinlichkeit knallige Sandmännchenrollen vor Ihnen aus. Dazu das bonbonfarbene Kinderzimmerprogramm – und fertig ist das moderne Kinderreich!

Es spricht für die Kondition unserer Kinder, daß viele dieses Bombardement aus Farben, Mustern und allgemeinem Spielzeugchaos noch relativ gut wegstecken. Es wäre übertrieben zu behaupten, sämtliche hypernervösen und unkonzentrierten Kinder kämen aus solchen gutgemeinten, aber überstylten Kinderzimmern. Zu einem, wenn auch kleinen Teil aber kann das direkte Umfeld der Kinder für diesen Trend zur Hypermotorik sicherlich mitverantwortlich sein. Dabei läßt sich mit einigen einfachen Hilfsmitteln und Anregungen eine wirklich kindgerechte Umgebung schaffen, die Harmonie ausstrahlt und Geborgenheit gibt: ein Kinderzimmer, in dem es sich gut leben und damit gut schlafen läßt.

Die Psychologie der Farben – Welcher Ton paßt ins Kinderzimmer?

Die Farbpsychologie, in der jeder Farbe bestimmte Eigenschaften zugeordnet werden, bietet einen Anhaltspunkt, welche Farben sich für ein Kinderzimmer besonders gut eignen. Grundsätzlich sollten Sie bei der Raumgestaltung nie kräftige Vollton-Farben verwenden. Mit Weiß abgemischt, erhalten Sie sanfte Pastelltöne, die immer eine eher beruhigende als anregende Wirkung haben.

Wieviel Farbe ein Kind verträgt, hängt auch von seinem Alter bzw. seiner Entwicklungsstufe ab. Im Säuglingsalter, einer Entwicklungsstufe, in der sich seine ganze Persönlichkeit gerade erst festigt, sind neben Pastellfarben natürliche Erdfarben die gesündeste Entscheidung für das Kind. Ab dem Kindergartenalter bieten alle kräftigeren Regenbogenfarben dem Kind Anregungen. Sie sollten im Kinderzimmer allerdings nur als Accessoires ihren Platz finden.

Es geht auch ohne Chemie

Achtung: Chemie hat im Kinderzimmer nichts verloren. Achten Sie bei der Auswahl der Farben stets auf umweltfreundliche Produkte ohne schädliche Lösungsmittel. Der Gesundheit Ihrer Kinder zuliebe sollten sie auf chemisch-synthetische Lacke und Lasuren in der gesamten Wohnung ganz verzichten.

Wenn Farben sprechen könnten

Rot: Reines, unvermischtes Rot ist für Kinderzimmer ungeeignet. Diese mächtige Farbe wirkt zwar stimulierend und anregend, als Energiequelle aber nährt sie Aggressionen und kann Gewalttätigkeiten fördern.

Rosa: Kinder lieben Rosa! In seiner abgeschwächten Form bleibt vom Rot die Energie erhalten, gleichzeitig wirkt Rosa harmonisierend. Ein dunkles Altrosa, etwa in einem gebatikten Seidentuch, eignet sich besonders gut als Betthimmel für Neugeborene und Säuglinge: Es gibt ihnen ein Stück der Geborgenheit im Mutterleib zurück.

Gelb: Gelb ist eine lichte Erdfarbe, die erfrischend, klar und hell wirkt. Sie regt an, ohne aufzuputschen, und wirkt angeblich stabilisierend auf die Psyche. Ein helles Gelb ist gerade als Pastelltönung für ein Kinderzimmer sehr zu empfehlen.

Grün: Die Farbe Grün soll zu klarem Denken anregen und langsame Kinder fördern. Gleichzeitig wird ihr eine beruhigende Wirkung zugesprochen, die selbst Hitzköpfe zur Ruhe bringt. Ein zartes Apfelgrün wirkt sowohl gemütsaufhellend als auch harmonisierend. Es spiegelt das Holz und das Grün des Waldes wider und bietet so festen Halt.

Blau: Klar und frisch schärft Blau die Sinne und den Verstand und soll selbst „Rabauken" schnell abkühlen. Zum Entspannen im Sinne von „Erfrischen", zum Auftanken neuer Kräfte ist Blau optimal. Zu dunkle Farbschattierungen vermitteln allerdings wenig Geborgenheit, dafür wirken sie zu kühl. Gegen Hellblau dagegen ist nicht einzuwenden.

Braun/Beige/Erdfarben: Erdfarben harmonisieren, stabilisieren und beruhigen. Terrakotta beispielsweise verbindet die stimulierende Wirkung des Rots mit der beruhigenden, erdverbundenen Wirkung des Brauns.

Selbst gemacht ist Trumpf

Selbst gemalte Bordüren oder getupfte/gewischte Mustertechniken an den Wänden bieten bei der Raumgestaltung die schönsten Möglichkeiten. Egal, ob Sie bereits fertige Schablonen kaufen oder sie selbst kreieren – wenn Sie ein Muster eigenhändig auf die Wand tupfen, erlebt Ihr Kind, wie es entsteht, und sieht, wieviel liebevolle Mühe Sie sich mit seinem Zimmer geben. Selbst getupft ist jedes einzelne Schablonenbild anders und regt Ihr Kind an, es mit den Augen zu erforschen. Die gängigen Kindertapeten dagegen sind oftmals mit Mustern geradezu überladen, bunt – und alle sind gleich, statisch und starr.

Auch farbige Wände, die durch die Wischtechnik mit einem Schwamm lebendig wirken, laden harmonisch zu einer visuellen Wanderung ein. Anleitungen zur Wischtechnik erhalten Sie in jedem Malergeschäft oder aus zahlreichen Heimwerker-Büchern. Sind Ihre Kinder schon etwas größer, können sie bei dieser Technik übrigens prima mithelfen.

Wie man sich bettet ...

**Das Bett –
Der Rahmen macht's**
Tatsächlich hat das Bett einen direkten Einfluß auf das Schlafverhalten unserer Kinder. Anders als bei Erwachsenen spielt die stützende Funktion der Matratze und des Bettgestells durch das geringe Gewicht der Kinder eine eher untergeordnete Rolle. Aber der Rahmen macht's!
Generell sollte das Kinderbett einen Höhlencharakter vermitteln, das heißt, es hat ringsherum eine Umrandung. Die meisten modernen Kinderbetten allerdings haben nur noch ein Kopf- und Fußteil. Wenn Sie ein gemütliches Bett für Ihr Kind suchen, schauen Sie sich doch mal beim Trödler oder auf Ihrem Speicher um. Alte Betten haben meist einen Rundum-Rahmen und sind zudem sensationell günstig. Allerdings haben solche alten Betten mit nur 1,80 Meter Länge meist ein Sondermaß. Die Matratze müßten Sie dann extra zuschneiden lassen, aber diese Ausgabe lohnt sich. Schön lackiert und eventuell mit Schablonen bunt bemalt, haben Sie ein individuelles Einzelstück aus massivem Holz. Auch die Wärme dieses natürlichen Materials trägt viel zur Harmonie im Kinderzimmer bei.

Das Bett sollte für Kinder der friedlichste und geborgenste Platz in der ganzen Wohnung sein. Es ist einfach nachzuvollziehen: In einer liebevoll gestalteten Schlafhöhle mit einem selbst gemachten Stoffhimmel schlafen Kinder besser als auf einer schlichten Matratze auf dem Boden. Nur wenn sich Ihr Kind in seinem Nest sicher und wohl fühlt, wird es sich abends bereitwillig in sein Reich zurückziehen und beruhigt einschlafen. Hohe Mehrkosten fallen für Sie dabei nicht an, denn selbst mit einfachsten Mitteln wird das Kinderbett zu einer gemütlichen Schlafstätte, in der Ihr Kind sanft träumen kann.

Die Matratze – Die richtige Unterlage für Ihr Kind

Entscheidend bei Kindermatratzen ist weniger die Stützfunktion als die Klimawirkung. Sicher ist ein hoher Anteil an natürlichen Materialien wie Wolle und Baumwolle klimatisch betrachtet besonders zu empfehlen, meist sind diese Naturmatratzen jedoch sehr teuer. Durch ein gutes Unterbett aus Schurwolle läßt sich aber auch eine einfache Schaumstoffmatratze „veredeln". Und nicht nur Säuglinge mögen ein Lammfell als Schlafunterlage.

Wer sich Gedanken über die Hygiene macht oder tatsächlich ein Allergie-Kind in den besten Schlaf wiegen möchte, schläft mit einer Latex-Matratze sicherlich am besten. Schon für Kinder werden oft auch Wasserbetten angeboten. Durch die Wasserbewegungen haben sie ohne Zweifel einen beruhigenden Effekt, da es an das Urerfahren des Schaukelns im Mutterleib erinnert. Neben dem hohen Preis bleibt allerdings ein Restrisiko, daß durch die Heizmatte „Elektrosmog" entsteht, der den Schlaf oder die Gesundheit der Kinder beeinträchtigen könnte. Genaue Erkenntnisse und Untersuchungen zu diesem Thema gibt es jedoch noch nicht.

Bei aktuellen Gesundheitsfragen zum Thema Kindermatratzen helfen auch die Verbraucherzentralen weiter.

Der Himmel – Schlafen wie unter einer Wolke

Unter einem Stoffhimmel fühlt sich Ihr Kind immer geborgen. Er ist schnell aus einem farbigen Tuch genäht und, über zwei Stangen gehängt, an der Decke befestigt. Besonders schön macht sich natürlich Seide, muß aber nicht sein. Empfehlenswert wäre auch hier eine harmonische Farbgebung mit Batikeffekt. Die Batiktechnik bietet einen unregelmäßigen, aber harmonischen Farbverlauf, der nie gleichförmig und immer einzigartig ist. Graben Sie Ihr altes Batik-Büchlein mal wieder aus: Ihren Kindern wird das Färben und das Schlafen unter dem selbst gemachten Himmel Spaß machen.

Der „Schlafbewacher"

Wer erinnert sich nicht an den kuscheligen Lieblings-Teddy aus der Kinderzeit? Er wurde geknuddelt und geknutscht – bis zur Unkenntlichkeit. Das Fell war abgegriffen, ein Ohr geknickt und die Augen fehlten schon seit langem. Sicherlich hat auch Ihr Kind einen solchen ständigen Begleiter: eine Puppe, einen Teddy oder eine Stoffmaus ... An jeden nur erdenklichen Ort begleitet sie dieser Gefährte, und natürlich ist sein Platz auch nachts an der Seite des Kindes.

Solche Lieblingspuppen oder Stofftiere sind besonders in der Nacht von unschätzbarem Wert. Gleichsam als Ritual geht Ihr Kind immer zusammen mit seinem „Freund" ins Bett. Sorgen muß sich Ihr Kind keine machen, denn der Teddy oder die Puppe gibt acht, daß nichts passiert, und bewacht seinen Schlaf. Und sollte Ihr Kind nachts aufwachen, kann es sich sicher sein: „Ich bin nicht allein, mein Schlafbewacher ist ganz nah bei mir und gibt mir Schutz."

... so schläft man

Licht und Dunkel

Alle Kinder haben unterschiedliche Gewohnheiten: Einige bevorzugen die absolute Finsternis, die meisten aber brauchen zur Orientierung, wenn sie nachts aufwachen, ein Licht. Nachtlichter erfüllen diese Aufgabe, aber auch kleine Nachttischlampen mit einer schwachen Glühbirne oder der Lichtstrahl des erleuchteten Flurs durch die angelehnte Tür.

Grundsätzlich gilt: Zwingen Sie Ihr Kind nie, allein in der absoluten Dunkelheit zu schlafen.

Wenn Ihr Kind sich nachts mit einem kleinen Licht an seiner Seite sicherer fühlt, lassen Sie ihm seinen Willen. Schließlich soll es sich in seinem Bett geborgen fühlen und ohne Angst ein- und durchschlafen. Das kleine Nachtlämpchen bleibt deshalb stets die ganze Nacht über an und/oder die Türe angelehnt. Stellen Sie sich den Schreck vor, wenn Ihr Kind bei sanftem Lichtschein einschläft und nachts plötzlich in der völligen Finsternis erwacht. Eine kleine Lichtquelle bietet ihm stets Sicherheit und Orientierung. Ihr Kind weiß dann, „Ich bin in meinem Zimmer, alles ist, wie es war", und kann wieder beruhigt einschlafen.

Es empfiehlt sich aber als Regel, alle großen Lichter von Anfang an auszumachen, denn Licht aus bedeutet Schlafen! Die Vorhänge oder Rolläden sollten auf jeden Fall lichtdicht sein, denn sonst wachen die meisten Kinder garantiert mit den ersten Sonnenstrahlen auf – im Gegensatz zu den Eltern ...

Frische Luft und der richtige Duft zum Schlafen

Im Kinderzimmer gilt das gleiche wie in allen Schlafzimmern: Ob groß oder klein – frische Luft muß sein. Am besten lüften Sie kurz vor dem Schlafengehen noch einmal kräftig durch.

Um einen festen, geruhsamen Schlaf zu fördern, empfiehlt sich auch die Aroma-Therapie. Eine Duftlampe mit reinem Lavendelöl beispielsweise beruhigt und harmonisiert. Allerdings sollten Sie kein Kind einer Dauerberieselung durch die Nase aussetzen. Eine Viertelstunde Aromatherapie während des Einschlafrituals ist meist ausreichend. Danach öffnen Sie noch einmal kurz die Fenster und lassen frische Luft herein.

Ist das Kind sehr unruhig, hilft auch zehnprozentiges Lavendelöl zum Einreiben von Brust, Bauch und Rücken. Vorsicht: Lavendel und andere beruhigende Aromastoffe und Öle sind keine Wunder- oder Zaubermittel, aber ihre Wirkung ist nachweisbar. Das Ritual, die entspannende Massage mit dem Öl, das Umsorgen hilft nicht nur den Kindern, in einem schönen Ritual in den Schlaf zu finden, sondern auch den angespannten Eltern. Übertreiben sollten Sie es mit solchen Mittelchen allerdings nicht: „Ohne Lavendel kann mein Kind nicht schlafen", das stimmt bestimmt nicht. Aber im normalen Rahmen gebraucht, wird es ein Duft sein, den Ihr Kind nie wieder vergessen wird und der sein Leben lang das wohlige Einschlafen begleiten wird.

Das Kinderzimmer – Schlaflos im Chaos

Mitten in der Nacht wacht die sechs-jährige Tanja plötzlich auf. Alles ist wie immer: Das gelbe Nachtlämp-chen brennt, ihre Puppe „Lilli" liegt neben ihr und doch hat sie furchtba-re Angst. Gegenüber auf dem Stuhl, da sitzt doch jemand! Ganz ver-krampft liegt Tanja in ihrem Bett und starrt auf die Gestalt. Kein Auge kann sie mehr zutun, sie traut sich fast nicht zu atmen, geschweige denn, schnell aus dem Zimmer zu ihren Eltern zu rennen – solche Angst hat sie. Als der Tag anbricht und die ersten Sonnenstrahlen durch die Jalousien fallen, ist alle Angst wie weggeblasen: Der fremde Mann auf ihrem Stuhl – das waren doch nur ihre Kleidungssachen, die sie am Abend einfach über die Lehne ge-schmissen hatte.

Ordnung gibt Sicherheit: Wenn Kinder abends ihre Spielsachen und Kleider auf-räumen, schlafen sie in einem übersicht-lichen Zimmer. Alles ist an seinem ge-wohnten Platz, das Kind kann beruhigt ein- und durchschlafen. Wachen Kinder dagegen im Chaos auf, spielt die Phanta-sie zwischen Traum und Wachsein manchmal verrückt. Aus den Bauklötzen am Boden werden kleine schreckliche Tiere, der Schal auf dem Sessel wird zu einer gefährlichen Schlange ...

Regen Sie Ihr Kind deshalb zur Ordnung an: Es muß nicht alles wie im Hochglanz-prospekt aussehen, aber so, daß Ihr Kind sich zurechtfindet und nicht, wenn es nachts doch einmal aufsteht, über das Dreirad fällt ...

Nachwort

Nachwort

Schlaf gut, mein Kind – Die zehn wichtigsten Schlafregeln

1. **Vertrauen Sie Ihrem Kind:** Statt sich kopflos in unzähligen Ratschlägen und Tips zu verlieren, sollten Sie in erster Linie in die Fähigkeiten Ihres Kind vertrauen. Jedes Kind hat seine eigene Persönlichkeit und somit auch seinen ganz eigenen Schlafrhythmus, der sich selbstverständlich und von alleine einpendelt. Ob Sie nun einen guten oder einen schlechten Schläfer „erwischt" haben – Sie müssen Ihr Kind schon so nehmen, wie es ist. Mit etwas Einfühlungsvermögen und dem Vertrauen in Ihr Kind gewinnen Sie bald die nötige Sicherheit und Ruhe, auch mit anfänglichen Schlaf-„Störungen" fertig zu werden.

2. **Geben Sie Ihrem Kind Sicherheit durch Rituale:** Vertraute Abläufe im Alltag – ob am Tag oder am Abend – geben Kindern die nötige Sicherheit und Geborgenheit für einen gesunden Schlaf. Als zeitliche Orientierung vor dem Schlafengehen sind ständige wiederkehrende Einschlafrituale „Pflicht": Sie vermitteln Ihrem Kind Ruhe, Zuwendung und Frieden am Ende eines Tages. Und: Sie machen Spaß. Nehmen Sie sich abends 30 bis 45 Minuten Zeit, in der Sie nur für Ihr Kind da sind, zusammen mit ihm auf eine Traumreise gehen, gemeinsam eine Gute-Nacht-Geschichte lesen oder ein Abendgebet sprechen. Ihrer Phantasie sind bei solchen Ritualen keine Grenzen gesetzt – nur mit dem Herzen müssen Sie dabei sein.

3. **Nehmen Sie Ihrem Kind die Angst:** In der magischen Phase sind Alpträume ganz normal. Und dennoch hat Ihr Kind Angst – und Sie können ihm helfen. Wenn ein Kind sich der Nähe und Geborgenheit seiner Eltern gewiß ist, verliert der Alp schon seinen Schrecken. Bleiben Sie deshalb stets bei Ihrem Kind, wenn es schlecht geträumt hat. Bieten Sie ihm Sicherheit und Geborgenheit, seien Sie ihm ein ehrlicher Gesprächspartner und, vor allen Dingen, nehmen Sie Ihr Kind ernst und helfen Sie Ihm, eigene Lösungen gegen Geister und Dämonen zu finden.

4. **Überfordern Sie Ihr Kind nicht:** Wie der klassische Streß bei Erwachsenen, so bereiten Leistungsdruck und Hektik auch Kindern Einschlafprobleme. Das Ziel der Eltern sollte deshalb stets sein, ihre Kinder zu fördern, statt sie zu überfordern. Nicht nur Streß, auch Eintönigkeit kann Einschlafstörungen verursa-

chen. Deshalb brauchen Kinder eigenverantwortliche Freiräume, in denen sie selbst etwas unternehmen können, in denen sie sich austoben und beweisen können – auch ohne die Eltern.

5. **Nehmen Sie den Willen Ihres Kindes ernst:** Will Ihr Kind in der Nacht bei Ihnen im Ehebett schlafen, verweigern Sie ihm diesen Wunsch nicht. Kinder erschleichen sich nie die Nähe ihrer Eltern mit fadenscheinigen Gründen, in diesem Moment brauchen sie diese Nähe einfach. Umgekehrt bedeutet dies natürlich auch, daß Sie Ihrem Kind den Rückzug ins eigene Zimmer nicht verwehren.

6. **Schaffen Sie sanfte Übergänge:** Zwangvolle Beschäftigungen in einem von den Eltern straff vorgegebenen Programm führen bei Kindern oft zu Leistungsdruck und Streß. Überfordern Sie Ihr Kind nicht mit einem abrupten Wechsel in die Nacht. Nach dem ausgelassenen Spiel mit Freunden kann sich Ihr Kind nicht sofort ins Bett legen und einschlafen. Es benötigt eine beruhigende Phase – beispielsweise bei Abendritualen –, die es auf die Schlafenszeit vorbereitet.

7. **Bleiben Sie konsequent:** Ihr Kind kann Sie nur ernst nehmen, wenn Sie die von Ihnen aufgestellten Regeln und Grenzen auch einhalten. Sicherlich kennen Regeln wie die tägliche Schlafenszeit zu einer bestimmten Uhrzeit oder die Mittagsruhe Ausnahmen. Wenn die Ausnahmen allerdings überhand nehmen, weiß Ihr Kind nicht mehr, an was es sich nun tatsächlich halten soll.

8. **Leisten Sie „echten" Beistand:** Seien Sie tatsächlich für Ihr Kind da, wenn es Sie braucht. Egal, ob bei Alpträumen oder bei Problemen in der Schule – wenn sich Ihr Kind Ihrer Liebe gewiß ist, werden riesige Probleme plötzlich nichtig und klein. Gemeinsam mit den Eltern an der Seite geht es einfach besser: Ihr Kind braucht keine Angst zu haben und kann beruhigt einschlafen.

9. **Schaffen Sie Ihrem Kind ein lauschiges Reich:** Damit Ihr Kind im eigenen Bett gut schlafen kann, müssen die Voraussetzungen stimmen. Das Kinderzimmer sollte gemütlich und einladend sein, das Bett der geborgenste Platz in der ganzen Wohnung. Im Grunde gilt für die Kleinen dasselbe wie für die Großen: Sanfte Farben, ein übersichtliches, aufgeräumtes Zimmer, frische Luft und eventuell beruhigende Aromastoffe fördern den gesunden Schlaf. Im Gegensatz zu den Erwachsenen sollten Kindern allerdings nie in der völligen Finsternis schlafen: Eine kleine Nachtlampe schafft hier Sicherheit.

10. **Scheuen Sie sich nicht vor professioneller Hilfe:** Bei fortlaufenden schweren Einschlafstörungen, deren Ursachen nicht geklärt werden können, aber auch bei krankheitsbedingten Schlafstörungen wie der Schlafapnoe oder angeborener Hyperaktivität sollten sie auf jeden Fall den Experten hinzuziehen. Auch wenn Ihr Kind in diesem Fall einen Kinderarzt oder -psychologen benötigt, ist es deshalb noch lange nicht gestört. Und: Ihm kann geholfen werden.

ISBN 3-419-53304-7

ISBN 3-419-53309-8

**Bücher,
die Eltern und
Kindern gut tun**

ISBN 3-419-53303-9

Impressum

© 1999 Christophorus-Verlag GmbH
Freiburg im Breisgau

Gesamtherstellung: Hampp Verlag, Stuttgart
Fotos: S. 2-3, 29, 31, 34, 44, 68, 76: Jutta
Weser; S. 4, 7, 8, 11, 14, 16, 18, 20, 23,
24-25, 27, 56, 60, 70, 78, 80, 84, 90: Heidi
Velten; S. 82: Carla Francesco
Titelfoto: Gertie Burbeck
Illustrationen: Angeles Ruiz
Satz: pws Print und Werbeservice Stuttgart
Layoutentwurf: communicate, Stuttgart
Druck: Franz-Spiegel-Buch, Ulm

ISBN 3-419-**53308-X**